Fábio Junior Alves

Introdução à Linguagem de Programação Python

EDITORA CIÊNCIA MODERNA

Introdução à Linguagem de Programação Phyton
Copyright© Editora Ciência Moderna Ltda., 2013

Todos os direitos para a língua portuguesa reservados pela EDITORA CIÊNCIA MODERNA LTDA.
De acordo com a Lei 9.610, de 19/2/1998, nenhuma parte deste livro poderá ser reproduzida, transmitida e gravada, por qualquer meio eletrônico, mecânico, por fotocópia e outros, sem a prévia autorização, por escrito, da Editora.

Editor: Paulo André P. Marques
Produção Editorial: Aline Vieira Marques
Assistente Editorial: Lorena Fernandes
Capa: Paulo Vermelho
Diagramação: Carlos Arthur Candal
Copidesque: Eveline Vieira Machado

Várias **Marcas Registradas** aparecem no decorrer deste livro. Mais do que simplesmente listar esses nomes e informar quem possui seus direitos de exploração, ou ainda imprimir os logotipos das mesmas, o editor declara estar utilizando tais nomes apenas para fins editoriais, em benefício exclusivo do dono da Marca Registrada, sem intenção de infringir as regras de sua utilização. Qualquer semelhança em nomes próprios e acontecimentos será mera coincidência.

FICHA CATALOGRÁFICA

ALVES, Fábio Junior.

Introdução à Linguagem de Programação Phyton

Rio de Janeiro: Editora Ciência Moderna Ltda., 2013.

1. Programação de Computador – Programas e Dados.
2. Linguagem de Programação
I — Título

ISBN: 978-85-399-0399-3   CDD 005
                                 005.133

Editora Ciência Moderna Ltda.
R. Alice Figueiredo, 46 – Riachuelo
Rio de Janeiro, RJ – Brasil   **CEP: 20.950-150**
Tel: (21) 2201-6662/ Fax: (21) 2201-6896
E-MAIL: LCM@LCM.COM.BR
WWW.LCM.COM.BR

Sumário

01. Introdução 1

02. A Linguagem Python 3

    2.1 Características da Linguagem Python 4

        2.1.1 Linguagem Interpretada 4

        2.1.2 Tipagem Dinâmica 5

        2.1.3 Controle de Bloco por Endentação 6

        2.1.4 Tipos de Alto Nível 7

        2.1.5 Orientação a Objetos 8

        2.1.6 Diferença com outras Linguagens 9

03. Python Básico: Invocação, Tipos, Operadores e Estruturas 11

    3.1 Usando o Interpretador 11

    3.2 Ajuda no Python 13

    3.3 Usando o Python como uma Calculadora 13

    3.4 Comentário no Python 14

    3.5 Comandos de Entrada e Saída de Dados 15

    3.6 Tipos, Variáveis e Valores 16

        3.6.1 Tratando Erros na Entrada de Dados 18

3.6.2 Tipos Numéricos..19

3.6.3 Determinando o Tipo de uma Variável............21

3.6.4 Strings..21

3.7 Operadores...25

3.7.1 Operadores Aritméticos....................................25

3.7.2 Operadores de Atribuição.................................26

3.7.3 Operadores Condicionais..................................27

3.7.3.1 Igualdade...27

3.7.3.2 Comparação..28

3.7.4 Operadores Lógicos...29

3.8 Desenvolvendo Algoritmo com Python....................29

3.9 Exercícios 31

04. Estrutura de Decisão..35

4.1 Exercícios 37

05. Estruturas de Repetição 43

5.1 Comando While..43

5.2 Exercícios 46

5.3 Comando For...47

5.4 Exercícios 51

06. Lista **53**

    6.1 Tamanho das Listas 55

    6.2 Adição de Elementos 55

    6.3 Remoção de Elementos 57

    6.4 Ordenando uma Lista 58

    6.5 Número de Ocorrência de Elementos numa Lista 59

    6.6 Operações em Listas 60

    6.7 Operador in 61

    6.8 Listas Aninhadas 61

    6.9 Exemplo de Utilização de Listas 62

    6.10 Matriz 64

        6.10.1. Exemplo de Utilização 64

    6.11 Exercícios 66

07. Funções **71**

    7.1. Argumentos e Parâmetros 72

    7.2. Variáveis Locais 74

    7.3. Variáveis Globais 74

    7.4. Retornando o Valor 75

    7.5. Doc Strings 76

7.6. Recursividade 77

7.7. Módulos 78

    7.7.1 Criando um Módulo 79

    7.7.2 Importando um Módulo....................................79

    7.7.3 Módulo Math 81

    7.7.4 Módulo Random...81

7.8. Exercícios 82

08. Arquivos 87

    8.1 Manipulando Arquivos 87

    8.2 Diretórios...90

    8.3 Exercícios 91

09. Referências...93

01. Introdução

Este livro é orientado ao iniciante em programação e para quem já possui alguma experiência em programação, mas deseja uma noção prática do porquê e de como usar o Python para programar.

O livro *Introdução à Linguagem de Programação Python* não é um guia aprofundado e sim, um manual de referência, sendo assim, para ter acesso à documentação da linguagem, acesse o endereço http://www.python.org/doc/.

Os capítulos deste livro foram organizados de forma a apresentar progressivamente os conceitos básicos de programação. Cada capítulo traz vários exemplos e exercícios organizados de forma a explorar o conteúdo apresentado. Sendo assim, recomendo que você acompanhe e implemente os exemplos, tente entender os erros que podem ocorrer e tente resolver as questões que eventualmente aparecem ao longo deste material.

Embora todo esforço tenha sido realizado para evitar erros e omissões, não há garantias de que o livro esteja isento de erros. Se você tiver alguma dúvida, sugestão, crítica ou comentário, envie um e-mail para faguanil@gmail.com. Sua opinião sobre este livro é muito importante.

02. A Linguagem Python

Python é uma linguagem de programação que foi lançada por Guido van Rossum (Holandês) em 1991.

O nome da linguagem origina-se da série humorística britânica *Monty Python's Flying Circus*, do grupo humorístico britânico Monty Python. Embora muitas pessoas façam associação com o réptil do mesmo nome (em português, píton ou pitão).

Python é um software livre, ou seja, pode ser utilizado gratuitamente. Você pode utilizar o Python em praticamente qualquer arquitetura de computadores ou sistema operacional, como, por exemplo, Windows, Linux, Mac OS X ou FreeBSD.

Python é uma linguagem de programação poderosa e fácil de aprender, ela possui estruturas de dados de alto nível e uma simples, mas eficiente, abordagem de programação orientada a objetos. Sua elegante sintaxe e tipagem dinâmica, juntamente com seu interpretador nativo, fazem dela a linguagem ideal para o scripting e o desenvolvimento rápido de aplicações em diversas áreas sob várias plataformas.

A linguagem Python é muito simples, dando liberdade ao programador de concentrar-se na solução do problema, em vez de concentrar-se na linguagem propriamente dita.

Estas e outras vantagens fizeram com que grandes empresas e universidades começassem a usar o Python com sucesso, tais como a Philips, Industrial Light and Magic (empresa de George Lucas), que utilizou o Python para controlar os efeitos especiais do filme *Star Wars*, NASA, Aliança Espacial Universal (USA), Nokia, que usa o Python em seus celulares, os sites Google e Yahoo, entre outros.

Segundo o site www.tiobe.com/index.php/content/paperinfo/tpci/index.html, em 2012, a linguagem Python é a oitava linguagem mais utilizada.

Enfim, essa linguagem possui algumas características que a tornam especial:
a. É uma linguagem interpretada;
b. Não há pré-declaração de variáveis e os tipos das variáveis são determinados dinamicamente;
c. O controle de bloco é feito apenas por endentação; não há delimitadores do tipo BEGIN e END ou {};
d. Oferece tipos de alto nível: strings, listas, tuplas, dicionários, arquivos e classes;
e. É orientada a objetos.

2.1 Características da Linguagem Python

2.1.1 Linguagem Interpretada

As linguagens de programação são classificadas como compiladas ou interpretadas. Nas compiladas, o texto (ou código-fonte) do programa é lido por um programa chamado compilador, que cria um arquivo binário, executável diretamente pelo hardware da plataforma-alvo. Ou seja, O compilador lê o programa e o traduz completamente antes que o programa comece a rodar. Neste caso, o programa escrito na linguagem de alto nível é chamado de código-fonte e o programa traduzido é chamado de código-objeto ou executável. Uma vez que um programa é compilado, você pode executá-lo repetidamente, sem que precise de nova tradução. Exemplos deste tipo de linguagem são C ou Fortran. A Figura 1 mostra o exemplo de processo que uma linguagem compilada passa.

Figura 1 – Processo de compilação.

Em contrapartida, os programas escritos em linguagens interpretadas não são convertidos em um arquivo executável, como é visto na Figura 2. Eles são executados utilizando outro programa, o interpretador, que lê o código-fonte e o interpreta diretamente, durante a sua execução. Ou seja, o interpretador lê um programa escrito na linguagem de alto nível e executa-o. Ele processa o programa um pouco de cada vez, alternadamente, ora lendo algumas linhas, ora realizando computações. Exemplos de linguagem interpretada incluem o BASIC tradicional, Perl e Python.

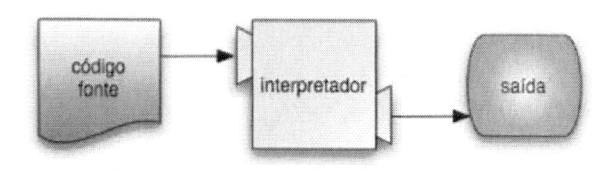

Figura 2 – Processo de interpretação.

2.1.2 Tipagem Dinâmica

Diferentemente de outras linguagens, com o Python não precisamos declarar as variáveis, nem seus tipos, ou seja, o Python possui o que é conhecido como tipagem dinâmica - o tipo ao qual a variável está associada pode variar durante a execução do programa. Não quer dizer que não exista um tipo específico definido (a chamada tipagem fraca), embora no Python não declaremos explicitamente, as variáveis sempre assumem um único tipo em um determinado momento. Exemplo:

```
>>> a = 4
>>> type(a)
<type 'int'>
>>> a = "SI"
>>> type(a)
<type 'str'>
>>> a = 2.3
>>> type(a)
<type 'float'>
```

A tipagem dinâmica, além de reduzir a quantidade de planejamento prévio e digitação para escrever um programa, é um mecanismo importante para garantir a simplicidade e a flexibilidade das funções Python. Como os tipos dos argumentos não são explicitamente declarados, não há restrição sobre o que pode ser fornecido como parâmetro. No exemplo acima, são fornecidos argumentos de tipos diferentes à mesma função type, que retorna o tipo desse argumento.

2.1.3 Controle de Bloco por Endentação

Na maior parte das linguagens, há instruções ou símbolos específicos que delimitam os blocos de código - os blocos que compõem o conteúdo de um loop ou expressão condicional, por exemplo. Em C:

```
if (num > 9) {
   /* bloco de código */
}
```

Os blocos são delimitados explicitamente em C por chaves e em Pascal, pelo par Begin e End. No Python, os blocos de código são demarcados apenas por espaços formando uma endentação visual, como visto pela Figura 3.

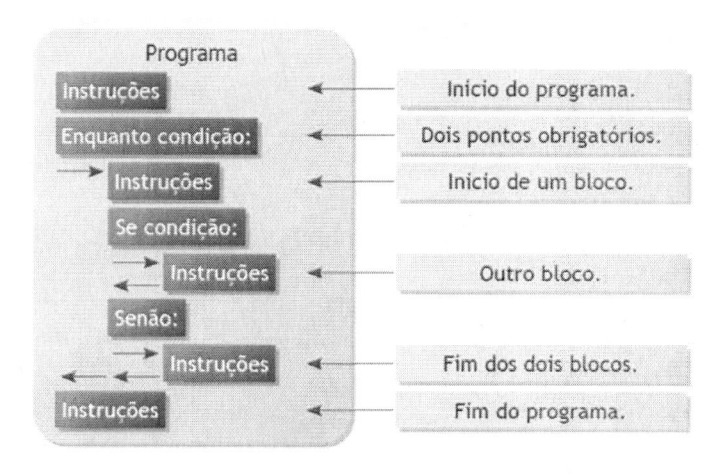

Figura 3 – Controle de bloco por endentação.

Esta propriedade faz com que o código seja muito claro e legível, afinal, garante que a endentação esteja sempre correta, porém requer costume e um controle mais formal.

2.1.4 Tipos de Alto Nível

Além dos tipos básicos (inteiros, números de ponto flutuante, booleanos), alguns tipos predeterminados no Python merecem uma atenção especial:

Listas: como um vetor em outras linguagens, a lista é um conjunto (ou sequência) de valores acessados (**indexados**) por um índice numérico, inteiro, começando em zero. A lista no Python pode armazenar valores de qualquer tipo.

Tuplas: são também sequências de elementos arbitrários; comportam-se como listas, com a exceção de que são imutáveis: uma vez criadas não podem ser alteradas.

Strings: a cadeia de caracteres, uma forma de dado muito comum; a string Python é uma sequência imutável, alocada dinamicamente, sem restrição de tamanho.

Dicionários: dicionários são sequências que podem utilizar índices de tipos variados, bastando que esses índices sejam imutáveis (números, tuplas e strings, por exemplo). Os dicionários são conhecidos em outras linguagens como arrays associativos ou *hashes*.

Arquivo: O Python possui um tipo predefinido para manipular arquivos; este tipo permite que seu conteúdo seja facilmente lido, alterado e escrito.

Classes e instâncias: classes são estruturas especiais que servem para apoiar a programação orientada a objetos; determinam um tipo customizado com dados e operações particulares. Instâncias são as expressões concretas dessas classes. A orientação a objetos no Python é descrita em maiores detalhes na seção.

2.1.5 Orientação a Objetos

O Python suporta tanto a programação orientada a funções quanto a programação orientada a objetos.

Orientação a objetos (OO) é uma forma conceitual de estruturar um programa; ao invés de definirmos variáveis e criarmos funções que as manipulam, definimos objetos que possuem dados próprios e ações associadas. O programa orientado a objetos é resultado da colaboração entre esses objetos.

No Python, todos os dados podem ser considerados objetos e qualquer variável, mesmo as dos tipos básicos e predefinidos, possui um valor e um conjunto de operações que pode ser realizado sobre este.

Como a maior parte das linguagens que são consideradas orientadas a objetos, o Python oferece um tipo especial para definir os objetos customizados, a classe. O Python suporta também funcionalidades comuns na orientação a objetos: herança, herança múltipla, polimorfismo, reflexão e introspecção.

2.1.6 Diferença com outras Linguagens

Abaixo é proposto um problema que foi resolvido utilizando a linguagem Pascal, Java e Python. Através deste exemplo, é possível notar como a linguagem Python é fácil e simples de utilizar, ou seja, dá liberdade ao programador de concentrar-se na solução do problema, em vez de concentrar-se na linguagem propriamente dita.

Problema: Faça um algoritmo que leia uma sequência de números inteiros e imprima o maior valor. Último número = 0.

Resolução do problema utilizando a linguagem Pascal:

```
uses winCrt;
var numero, maior: integer;
begin
    write ('Digite um número inteiro:');
    readln(numero);
    maior = 0;
    while (numero <> 0) do begin
       if (numero > maior) then begin
          maior:= numero;
       end;
       while ('Digite um número inteiro:')
       readln (numero);
    end;
    write ('O maior valor:' , maior);
end.
```

Resolução do problema utilizando a linguagem Java:
```java
import java.util.Scanner;
public class While1{
     public static void main(String[] args) {
     int numero = 0;
     int maior = 0;
     do {
          Scanner in = new Scanner(System.in);
          System.out.print("Digite um número inteiro ou digite 0 (zero) para encerrar:');
          if(numero > maior){
               maior = numero;
          }
     } while (numero !=0);
     System.out.print("O maior Valor é:");
     System.out.println(maior);
     }
}
```

Resolução do problema utilizando a linguagem Python:
```python
num = input('Digite um número inteiro:')
maior = 0
while num ! = 0;
     if num > maior:
          maior = num
     num = input('Digite um número inteiro:')
print 'O maior valor é:' , maior
```

03. Python Básico: Invocação, Tipos, Operadores e Estruturas

3.1 Usando o Interpretador

Antes de começarmos a desenvolver qualquer tipo de algoritmo utilizando a linguagem Python, é necessário que seja instalado um interpretador, que é um programa que permite a você executar todos os comandos da linguagem. Sendo assim, antes de começarmos a desenvolver os códigos, é necessário verificar se você possui a versão correta. Neste livro, usaremos o Python versão 2.6. Caso você utilize Mac OS X ou Linux, provavelmente o interpretador Python já virá instalado. Agora, se você utiliza o Microsoft Windows, terá que fazer o download do interpretador.

Neste livro, todos os exemplos serão executados utilizando o Windows, sendo assim, caso você esteja utilizando o sistema operacional Windows, acesse o menu Iniciar, clique em ActivePython 2.6 e escolha a opção PythonWin Editor. Ao clicar nessa opção, será exibida a janela inicial do IDLE, que é uma interface gráfica utilizada pelo interpretador. A Figura 4 apresenta esta tela.

12 — Introdução à Linguagem de Programação Python

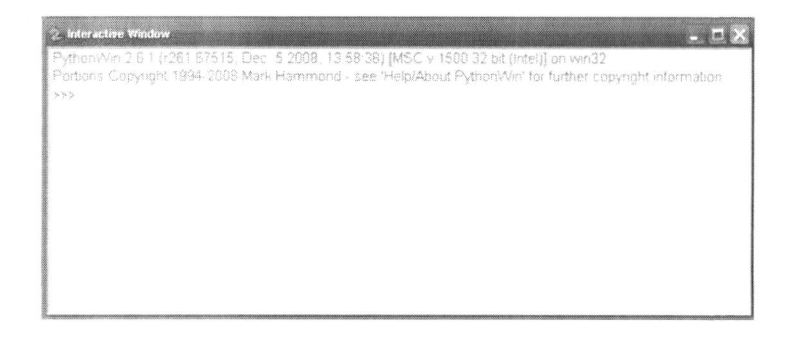

Figura 4 – Janela inicial do IDLE.

Observe que o cursor está posicionado dentro da janela e a linha de comando é iniciada pela sequência >>>.

No caso da linguagem Python, podemos utilizar qualquer editor de textos disponível, porém você pode também utilizar o editor de textos incluído na instalação do interpretador Python. Com o interpretador aberto, clique no menu File, selecione a opção New e, depois, escolha a opção Python Script. Uma nova janela, como mostra a Figura 5, deverá aparecer.

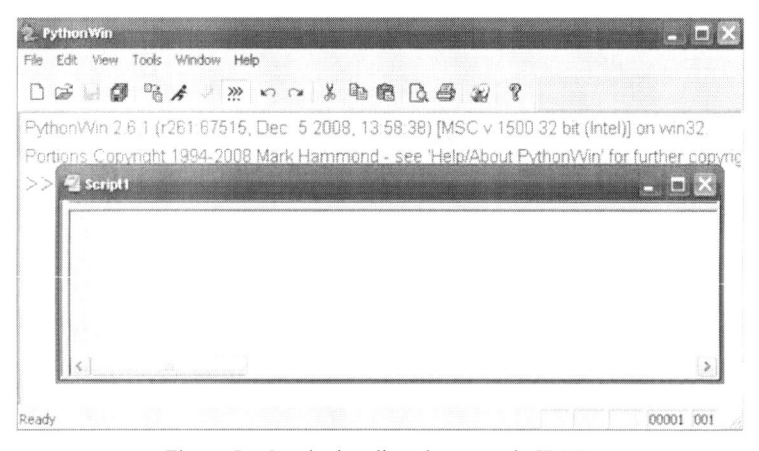

Figura 5 – Janela do editor de textos do IDLE.

Embora parecida com a janela principal do IDLE, a janela tem opções de menu diferentes da outra. Para esclarecer essa separação, chamaremos a primeira de janela do interpretador e a segunda, de janela do editor de textos.

3.2 Ajuda no Python

Se você necessita de alguma informação sobre a linguagem Python, basta digitar **help()** no interpretador e pressionar Enter para ter acesso a um utilitário de ajuda. A Figura 6 mostra esse utilitário.

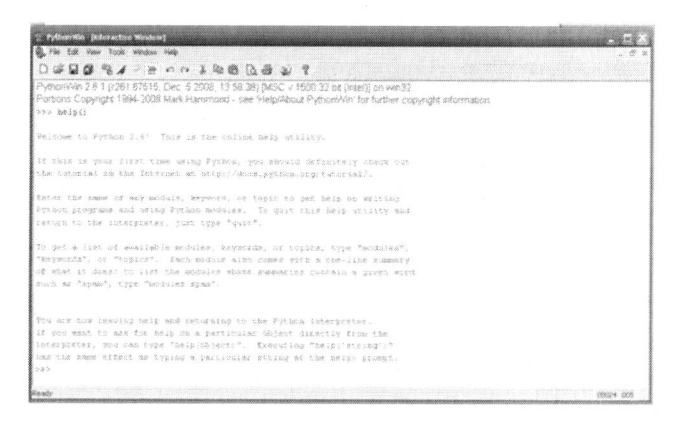

Figura 6 – Ajuda no Python.

3.3 Usando o Python como uma Calculadora

Como é mostrado pela Figura 7, o IDLE pode ser utilizado como uma calculadora. Além de poder ver todos os cálculos anteriores, você também pode usar os resultados em cálculos futuros, simplesmente copiando e colando os resultados. Os operadores algébricos usados no interpretador são os mesmos que você já usava em outros programas do seu sistema operacional.

14 — Introdução à Linguagem de Programação Python

Figura 7 – Usando o Python como calculadora.

3.4 Comentário no Python

O símbolo para os comentários no Python é o caráter sustenido (#), conforme mostra a Figura 8.

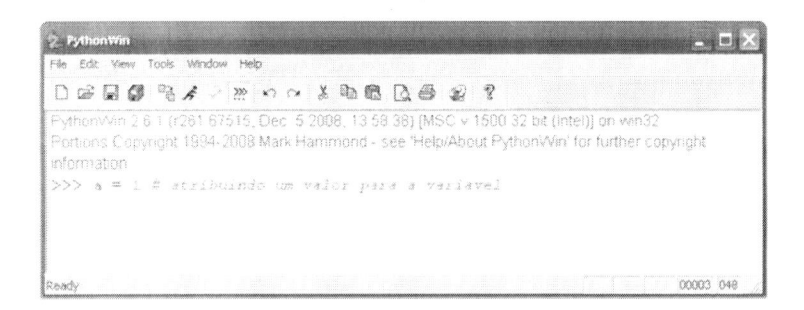

Figura 8 – Comentário no Python.

3.5 COMANDOS DE ENTRADA E SAÍDA DE DADOS

Print: o comando utilizado para exibir uma informação na tela. Esse comando é simples de usar, basta escrever uma frase entre aspas, como mostrado pela Figura 9.

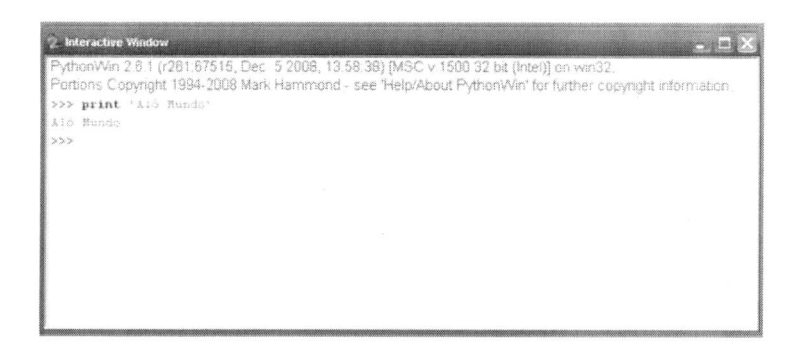

Figura 9 – Comando print.

Raw_input: o comando que lê as informações digitadas pelo teclado. Essas informações precisam ser guardadas em algum lugar e para armazená-las, podemos usar uma variável, que é um pequeno espaço de memória reservado e que pode ser usado mais tarde. A Figura 10 mostra a utilização desse comando.

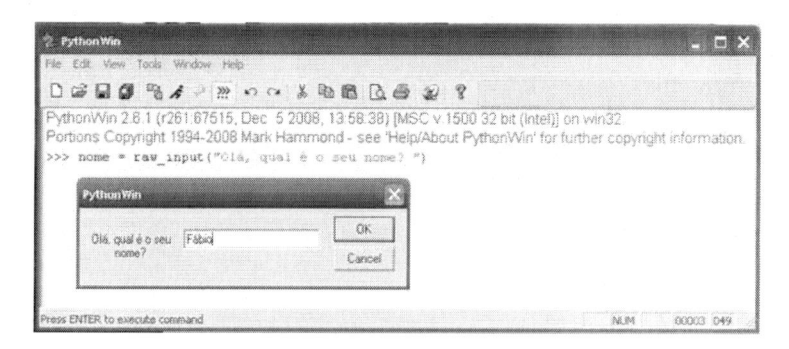

Figura 10 – Comando raw_input.

Enquanto o comando **raw_input** pode ser utilizado para qualquer tipo de dados (letras, números, binários), o comando **input** serve apenas para armazenar valores numéricos. A Figura 11 mostra a utilização desse comando.

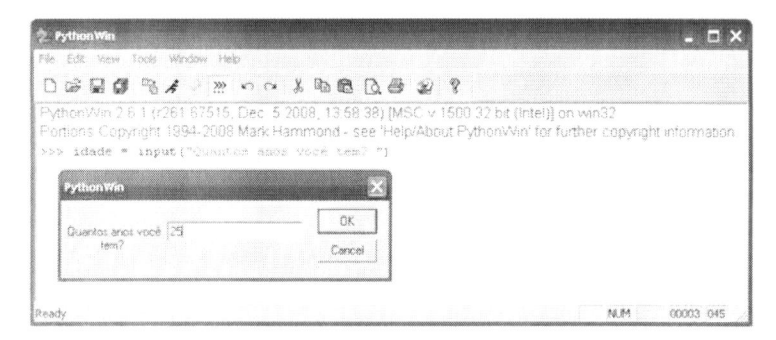

Figura 11 – Comando input.

3.6 Tipos, Variáveis e Valores

Ao escrever programas para resolver problemas, você terá que armazenar e manipular os dados. Esses dados são armazenados utilizando variáveis. Como o próprio nome diz, as variáveis podem ter seu conteúdo alterado. Você pode armazenar qualquer coisa usando variáveis. Elas são apenas uma parte da memória do seu computador onde você armazena as informações temporariamente.

Os nomes das variáveis começam sempre com uma letra, não contêm espaços e assim como tudo no Python, são sensíveis ao caso (case-sensitive), em outras palavras, minúsculas e maiúsculas fazem, sim, diferença. Como explicado anteriormente, a variável não precisa ser pré-declarada e seu tipo é determinado dinamicamente. Para nomeá-las, você deve observar as seguintes regras:

- O primeiro caractere deve ser uma letra (maiúscula ou minúscula) ou o caractere de sublinhado (_);
- O resto do nome pode conter letras (maiúsculas ou minúsculas), sublinhado (_) ou dígitos (0-9);
- Os nomes são sensíveis ao caso, ou seja, "variavel" e "Variavel" não são a mesma coisa. Observe que o primeiro v no primeiro nome é minúsculo e no segundo, é maiúsculo.
- Exemplos de nomes de variáveis corretos são: nome, _idade, nome23, d3b1;
- Exemplos de nomes de variáveis inválidos são: 2things media aritmética.

O Python é uma linguagem dinamicamente tipada. Isso quer dizer que não é necessário tipar as variáveis para usá-las. Por um processo chamado "binding", atribui-se um objeto a um nome e esse nome incorpora o tipo do objeto. Assim, para atribuirmos o valor 2, que é um inteiro, ao nome "valor1", só precisamos fazer valor1=2, e "valor1" será automaticamente tipado pelo Python como inteiro, como é mostrado pela Figura 12.

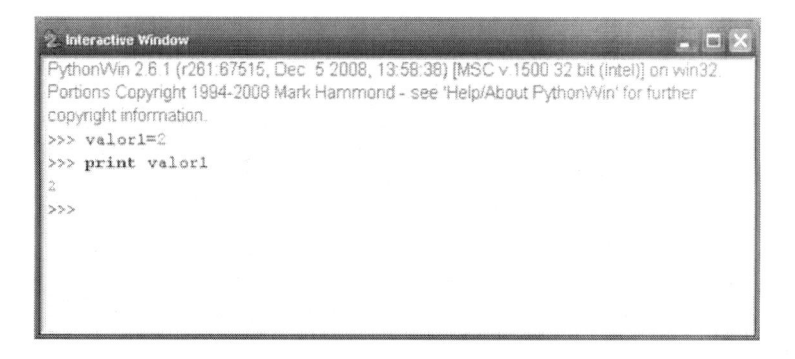

Figura 12 – Atribuindo um valor inteiro a uma variável.

Perceba que não precisamos "declarar" a variável "valor1" antes de utilizá-la. Se, agora, você quiser atribuir o valor "Boa tarde" ao nome "valor1", poderá fazer isso naturalmente, como é mostrado pela Figura 13. Desta vez, o objeto "valor1" irá incorporar o tipo "Boa tarde" (que é uma string).

```
Interactive Window
PythonWin 2.6.1 (r261:67515, Dec  5 2008, 13:58:38) [MSC v.1500 32 bit (Intel)] on win32.
Portions Copyright 1994-2008 Mark Hammond - see 'Help/About PythonWin' for further
copyright information.
>>> valor1=2
>>> print valor1
2
>>> valor1='Boa tarde'
>>> print valor1
Boa tarde
>>>
```

Figura 13 – Atribuindo um valor string a uma variável.

3.6.1 Tratando Erros na Entrada de Dados

Os erros são humanos e sempre ocorrem ao escrevermos programas, sejam simples, sejam complexos. É no modo como as linguagens de programação nos retornam esses erros que há uma mudança.

Na linguagem Python para tratarmos os erros advindos pela entrada de dados incorretos, utilizando Exceções.

A exceção é um recurso das linguagens de programação modernas que serve para informar que uma condição incomum ocorreu. Embora existam outras aplicações, em geral, comunicam-se através de exceções, erros ou problemas que ocorrem durante a execução de um programa. A Figura 14 apresenta a sintaxe utilizada para trabalhar com exceções e a Figura 15 mostra um exemplo de como utilizar as exceções.

try:
   primeiro tenta fazer isso
   e tudo que esteja neste alinhamento (indentação, lembra?)
   isso também
   e isso

except:
   se qualquer linha dentro do bloco try der erro,
   então serão executadas estas linhas.

Figura 14 – Sintaxe para trabalhar com exceções.

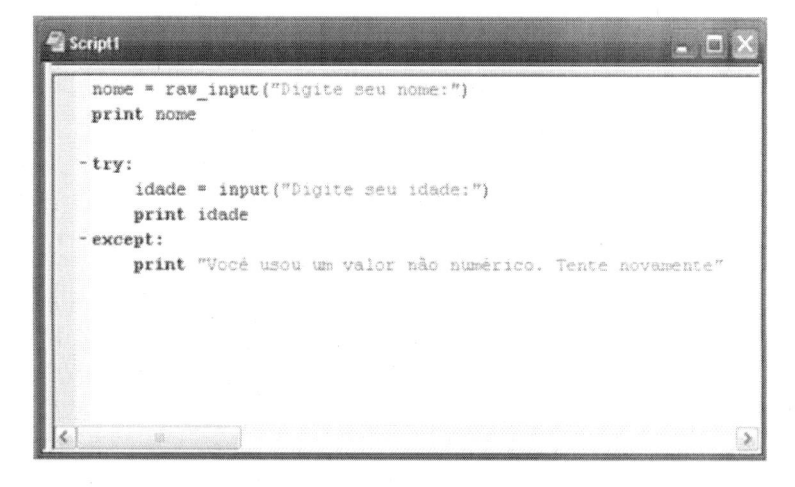

```
nome = raw_input("Digite seu nome:")
print nome

try:
    idade = input("Digite seu idade:")
    print idade
except:
    print "Você usou um valor não numérico. Tente novamente"
```

Figura 15 – Trabalhar com exceções.

3.6.2 Tipos Numéricos

Os tipos numéricos representam os valores numéricos. O Python trás alguns tipos numéricos predefinidos:inteiros (int),números de ponto flutuante (float), booleanos (bool) e complexos (complex).Esses tipos suportam váriados tipos de operações matemáticas, tais como adição, subtração, multiplicação e divisão, e podem ser convertidos entre si. A Figura 16 mostra alguns exemplos de criação de variáveis numéricas.

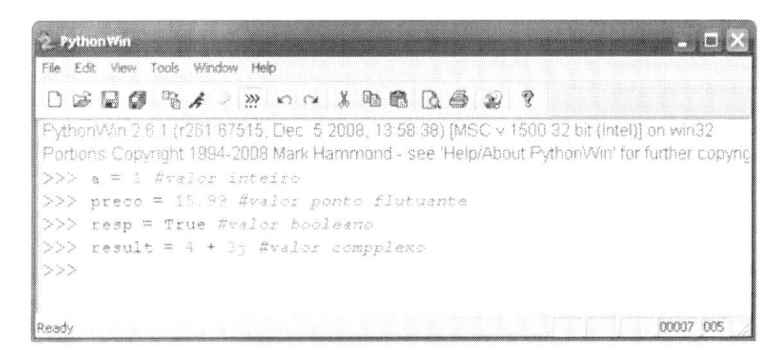

Figura 16 – Tipos numéricos.

Para que um número possa ser considerado como float, ele deve possuir um ponto e uma casa decimal mesmo que seja zero. O fato de ser considerado um float é importante para a operação de divisão, pois dependendo do tipo dos operandos, a divisão é inteira ou em ponto flutuante. A Figura 17 apresenta um exemplo de divisão com valor do tipo float.

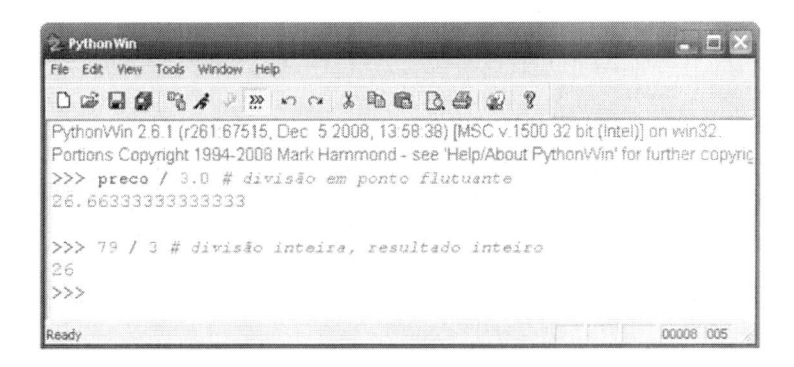

Figura 17 – Divisão de números do tipo float.

3.6.3 Determinando o Tipo de uma Variável

Para descobrir o tipo atual de uma variável, deve-se utilizar a função type(), como é mostrado pela Figura 18.

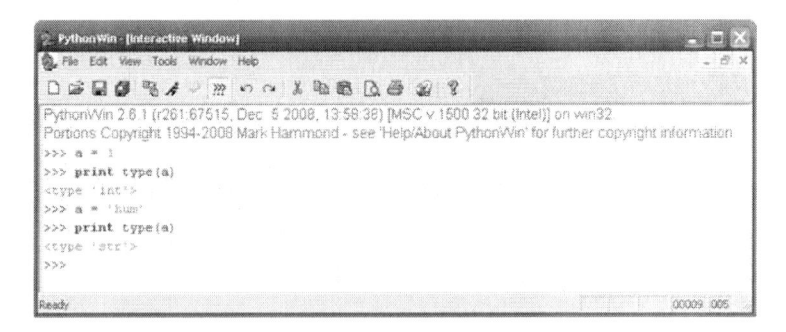

Figura 18 – Determinando o tipo de uma variável.

3.6.4 Strings

As strings no Python representam uma sequência de símbolos como letras, números, sinais, etc e podemos trabalhar com elas com muito mais eficiência do que em outras linguagens. A Figura 19 apresenta o exemplo de uma string.

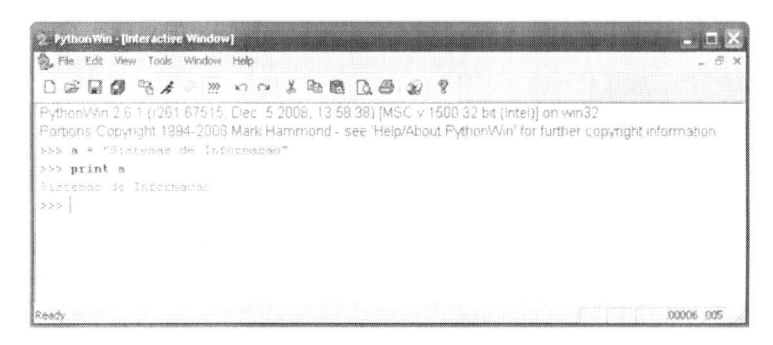

Figura 19 – Atribuindo o valor de uma string a uma variável.

Outro ponto importante a ser descrito é que uma string é uma sequência imutável, ou seja, não pode ter seu valor modificado, como apresentado pela Figura 20.

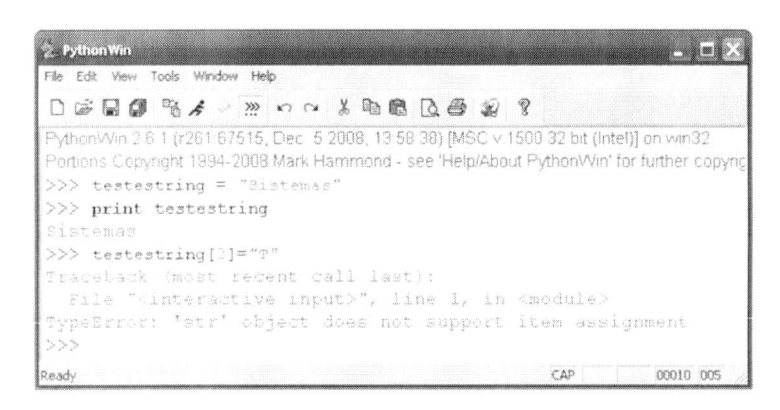

Figura 20 – A string é imutável.

Podemos utilizar caracteres especiais para denotar a quebra de linha como por exemplo o (\n), a tabulação (\t) e outros quando trabalhamos com uma string. A Figura 21 apresenta tais funcionalidades.

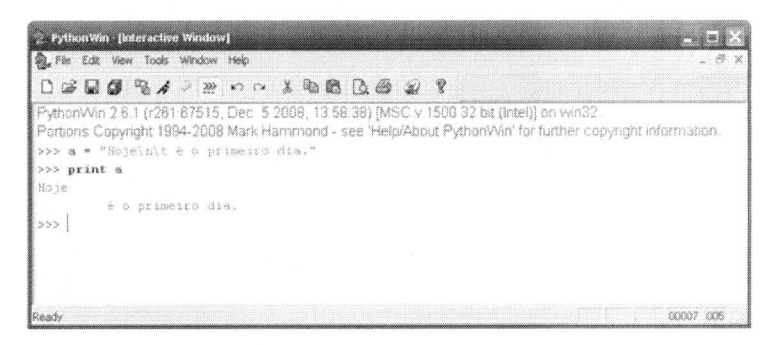

Figura 21 – Utilizando a quebra de linha e a tabulação com uma string.

Para criar uma string com múltiplas linhas, é útil o delimitador aspas triplas, como é visto na Figura 22. As linhas podem ser quebradas diretamente e a string pode ser finalizada com outras três aspas consecutivas:

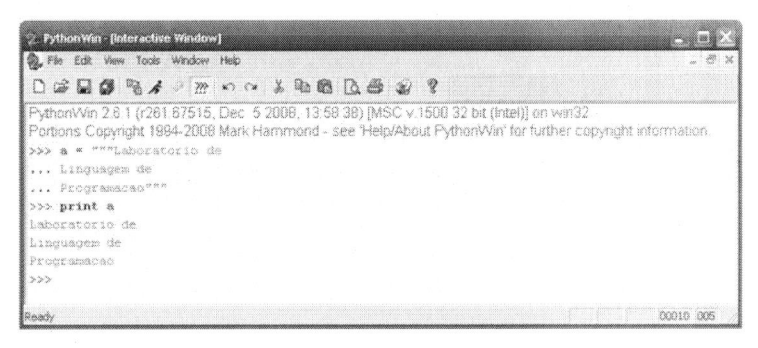

Figura 22 – String com múltiplas linhas.

No Python, uma string é uma sequência de letras endereçadas de tal forma que você pode requisitar um valor qualquer dessa sequência e fazer o que quiser com ele. Como qualquer sequência no Python, os endereçamentos a um endereço X de uma sequência S é S[X], como visto na Figura 23.

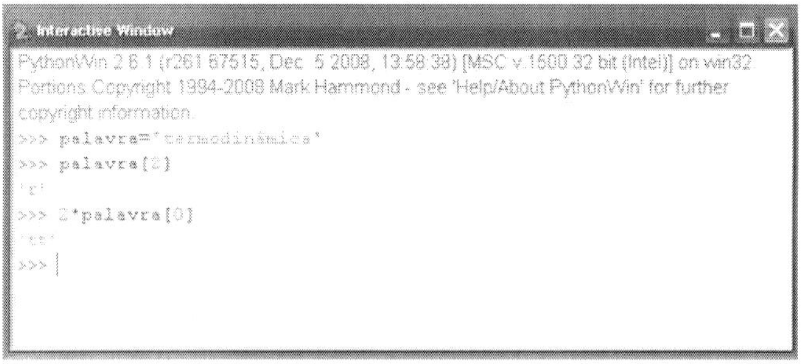

Figura 23 – Acessando os valores de uma string.

Você também pode solicitar um intervalo de uma sequência. Por exemplo, para solicitar os valores de uma sequência que estão entre os endereços 9 e 12, deve-se fazer conforme é mostrado na Figura 24.

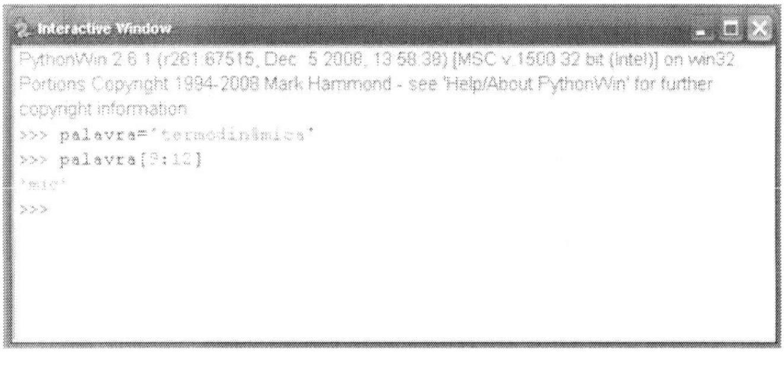

Figura 24 – Acessando uma sequência de valor de uma string.

Para entender melhor o que aconteceu no exemplo mostrado pela figura 24, podemos imaginar uma string como uma sequência de blocos, onde cada letra ocupa uma posição.

t	e	r	m	o	d	i	n	â	m	i	c	a
0	1	2	3	4	5	6	7	8	9	10	11	12

Sendo assim, ao solicitarmos os valores que estão entre os endereços [9:12], é retornado as letras "mic", isso acontece, porque o número à esquerda dos dois pontos indica a posição de início, e o a direita, o fim. No entanto, é preciso tomar cuidado, pois no exemplo mostrado pela figura 24 o caracter "a", que esta na posição 12, não foi incluido, isso acontece porque o final não é incluido na mesma, sendo deixado de fora. Entenda que [9:12] retorna os valores entre a posição 9 até a posição 12, sem incluí-la, ou o intervalo fechado em 9 e aberto em 12.

3.7 OPERADORES

Esta seção apresenta os operadores, os símbolos que operam sobre variáveis e valores.

3.7.1 Operadores Aritméticos

A maior parte dos operadores aritméticos no Python funciona de maneira intuitiva e análoga aos operadores em outras linguagens. Veja a Figura 25.

26 — Introdução à Linguagem de Programação Python

Figura 25 – Operadores aritméticos.

Os operadores de adição (+) e multiplicação (*) podem ser utilizados em strings, como é mostrado na Figura 26.

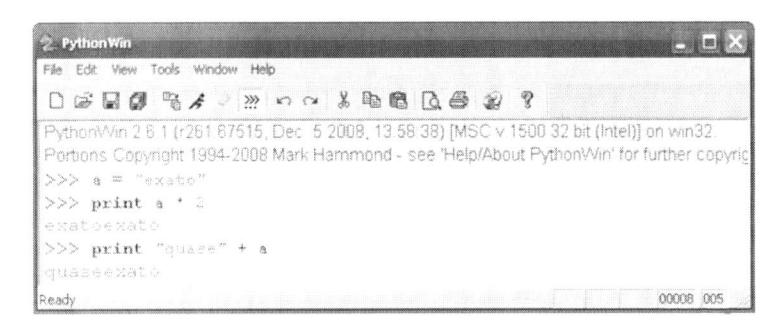

Figura 26 – Operadores aritméticos com strings.

3.7.2 Operadores de Atribuição

O operador mais simples, e que já foi utilizado em diversos exemplos anteriores, é o operador de atribuição. Esse operador é representado por um único símbolo de igualdade (=) definindo uma variável e, automaticamente, atribuindo a ela um valor. A

Figura 27 define uma variável soma, com o valor inteiro 10.

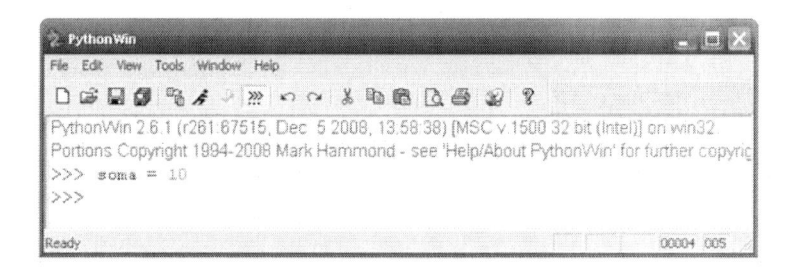

Figura 27 – Operador de atribuição.

3.7.3 Operadores Condicionais

Tradicionalmente, programação envolve testar valores (e tomar decisões com base no resultado do teste). Um teste é essencialmente uma expressão condicional que tem um resultado verdadeiro ou falso. Esta seção descreve os operadores condicionais mais comuns no Python.

3.7.3.1 Igualdade

Os símbolos utilizados para verificar a igualdade são os (==), que verificam se uma informação é igual à outra, e o (!=), que verifica a diferença entre duas informações. A Figura 28 mostra os operadores de igualdade.

28 — Introdução à Linguagem de Programação Python

```
PythonWin 2.6.1 (r261:67515, Dec  5 2008, 13:58:38) [MSC v.1500 32 bit (Intel)] on win32
Portions Copyright 1994-2008 Mark Hammond - see 'Help/About PythonWin' for further copyri
>>> print 2 == 4 #igualdade
False
>>> print 2 != 4 #diferente de
True
>>> print "a" == "A"
False
>>> print "b" == "b"
True
```

Figura 28 – Operador de igualdade.

3.7.3.2 Comparação

Abaixo é mostrada, na Figura 29, a utilização dos operadores de comparação.

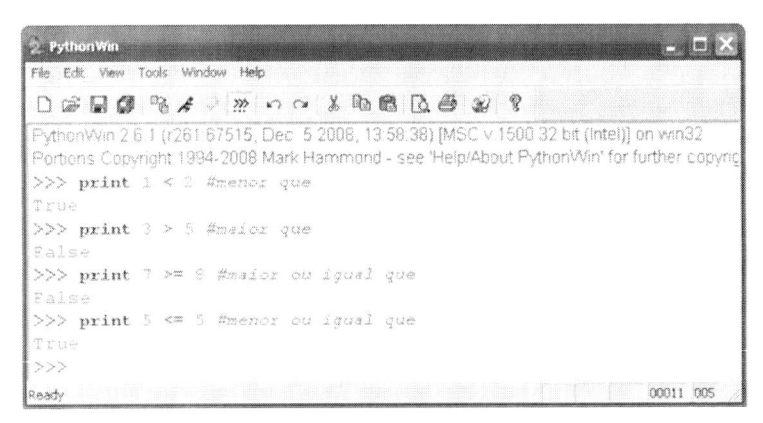

```
PythonWin 2.6.1 (r261:67515, Dec  5 2008, 13:58:38) [MSC v.1500 32 bit (Intel)] on win32
Portions Copyright 1994-2008 Mark Hammond - see 'Help/About PythonWin' for further copyri
>>> print 1 < 2 #menor que
True
>>> print 3 > 5 #maior que
False
>>> print 7 >= 9 #maior ou igual que
False
>>> print 5 <= 5 #menor ou igual que
True
>>>
```

Figura 29 – Operadores de comparação.

3.7.4 Operadores Lógicos

Os operadores lógicos not, and e or permitem modificar e agrupar o resultado dos testes condicionais, como é mostrado na Figura 30.

```
PythonWin 2.6.1 (r261:67515, Dec  5 2008, 13:58:38) [MSC v.1500 32 bit (intel)] on win32
Portions Copyright 1994-2008 Mark Hammond - see 'Help/About PythonWin' for further copyrig
>>> nome = "Maria"
>>> idade = 30
>>> nome == "Maria" and idade == 30
True
>>> nome != "Maria" or idade != 30
False
```

Figura 30 – Operadores lógicos.

3.8 Desenvolvendo Algoritmo com Python

Nesta seção, será abordada a construção de alguns algoritmos utilizando os conceitos que já foram descritos anteriormente. Todos esses algoritmos serão construídos utilizando o editor de texto, para executá-los, salve o script e pressione a tecla F5.

Exemplo 1: Faça um algoritmo que receba dois números e ao final, mostre a soma, subtração, multiplicação e divisão dos números lidos.

30 — Introdução à Linguagem de Programação Python

```
num1 = input("Digite um valor:")
num2 = input("Digite outro valor:")
print "A soma é:", num1 + num2
print "A subtração é:", num1 - num2
print "A multiplicação:", num1 * num2
print "A divisão e:", num1 / num2
```

Figura 31 – Resolução do exemplo 1.

Exemplo 2: A Loja Mamão com Açúcar está vendendo seus produtos em 5 (cinco) prestações sem juros. Faça um algoritmo que receba um valor de uma compra e mostre o valor das prestações.

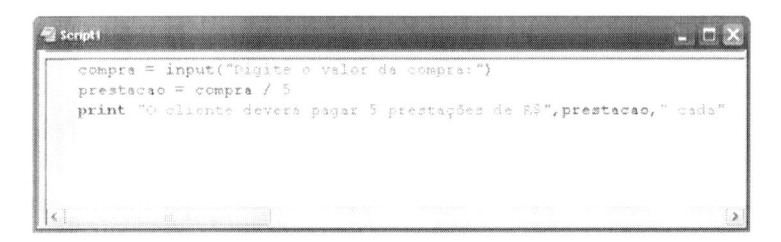

```
compra = input("Digite o valor da compra:")
prestacao = compra / 5
print "O cliente deverá pagar 5 prestações de R$",prestacao," cada"
```

Figura 32 – Resolução do exemplo 2.

Exemplo 3: Faça um algoritmo que receba o preço de custo de um produto e mostre o valor de venda. Sabe-se que o preço de custo receberá um acréscimo de acordo com um percentual informado pelo usuário.

```
custo = input("Digite o custo do produto:")
percent = input("Digite o percentual para venda:")
percent = (percent / 100.0) * custo
venda = custo + percent
print "O valor de venda é: ",venda
```

Figura 33 – Resolução do exemplo 3.

3.9 Exercícios

1- Indique o resultado das expressões a seguir:
   a) ((2 + 3) - (5 * 8)/4)
   b) ((7**2) * (4 / 2))
   c) 25 % 5
   d) (81**0.5)
   e) 10 > 11 and 11 < 12
   f) (10 * 9) == (20 + 50 * 1 + 20)
   g) (7 == (2*3.5)and(False or True))
   h) (7 > 2 or (7 == (2**2)))
   i) (7 == (2*3.5)and(False or True))
   j) (17/2)%2
   k) not(8<16)or(not(18<6))
   l) (3<5) or(3>10)and(3%2 == 0)
   m) (14!=3)and(3!=2)or(14==0)

2- Faça um algoritmo que mostre a mensagem "Alo mundo" na tela.

3- Faça um algoritmo que peça um número e, então, mostre a mensagem O número informado foi [número].

4- Faça um algoritmo que peça dois números e imprima a soma.

5- Faça um algoritmo que peça as quatro notas bimestrais e mostre a média.

6- Faça um algoritmo que leia dois inteiros A e B, e crie um algoritmo para trocar os valores dessas variáveis.

7- Calcule e apresente o valor do volume de uma lata de óleo utilizando a fórmula: VOLUME = 3.14159 * RAIO / 2 * ALTURA.

8- Efetue o cálculo e a apresentação do valor de uma prestação em atraso utilizando a fórmula PRESTAÇÃO: VALOR + (VALOR * (TAXA / 100) * TEMPO).

9- Faça um algoritmo que leia o valor do raio e calcule a área do círculo correspondente:
Etapa 1: o cálculo da área do círculo é Pi*R^2.
Etapa 2: o dado necessário é o valor do raio, que será lido (colocado) na variável Raio.

10- Construa um algoritmo para ler os coeficientes do polinômio de grau 4
$$P(x) = Ax^4 + Bx^3 + Cx^2 + Dx + E$$

Depois, leia o valor de x, calcule e imprima o valor de P(x).

11- Leia uma temperatura em graus Celsius e apresente-a convertida em graus Fahrenheit. A fórmula de conversão é F = (9 * C + 160) / 5, sendo F a temperatura em Fahrenheit e a C temperatura em Celsius.

12- Faça um algoritmo que efetue a apresentação do valor da conversão em real de um valor lido em dólar. O programa lerá o valor da cotação do dólar e a quantidade de dólares com o usuário, para apresentar o valor em moeda brasileira.

13- Faça um algoritmo para exibir a multiplicação de dois números inteiros informados pelo usuário.

14- Faça um algoritmo para ler um número e exibir seu dobro.

15- Faça um algoritmo para ler três números e exibir a soma do número 1 com o 2, multiplicado pela soma do 2 pelo 3.

16- Leis dois números inteiros e exiba o resto da divisão do primeiro pelo segundo.

17- Leia o salário de um funcionário e imprima-o com um aumento de 15%.

18- A imobiliária Imóbilis vende apenas terrenos retangulares. Faça um algoritmo para ler as dimensões de um terreno e, depois, exibir a área do terreno.

19- Faça um algoritmo para calcular quantas ferraduras são necessárias para equipar todos os cavalos comprados para um haras.

20- Mostre o que será impresso pelo seguinte algoritmo:
    val1 = 40
    val2 = 60
    val3 = val2 - val1
    val3 = val1 - val2
    print val3

21- Mostre o que será impresso pelo seguinte algoritmo:
```
b = 28
a = (b * 2)
c = a - b
print a
print c
print "c"
```

22- Mostre o que será impresso pelo seguinte algoritmo:
```
a = 10
b = 8
c = 4
a = a + c
b = c + a
b = a
c = a + b
print a
print b
print c
```

04. Estrutura de Decisão

No Python, a estrutura de decisão é o if. O if nada mais é do que o nosso "se". Essa estrutura também é conhecida como estrutura condicional. A instrução if tem por finalidade tomar uma decisão e efetuar um desvio no processamento, dependendo, é claro, de a condição atribuída ser *verdadeira* ou *falsa*. Sendo a condição *verdadeira*, será executada a instrução que estiver escrita após a instrução if. Se a instrução for *falsa*, serão executadas as instruções que estiverem após as instruções consideradas verdadeiras.

A sintaxe do comando de decisão é a seguinte:

if <condição> :
 # bloco de código
elif <condição>:
outro bloco
else:
bloco final

A estrutura de if/elif/else só tem duas restrições:
- Deve começar com um if, isto é, não podemos começar com um elif e muito menos com um else;
- Só pode ter um ou nenhum else na estrutura, isto é, o else não é obrigatório, mas caso ele seja usado, só pode constar uma única vez na estrutura;
- Em suma, depois do if primordial, podemos colocar quantos elifs quisermos e acabar a estrutura assim. Caso seja necessário, podemos utilizar um, e apenas um, else.

A seguir serão descritos alguns exemplos que mostram a utilização do comando de decisão if. Todos estes algoritmos serão construídos utilizando o editor de texto, mas para executá-los, salve o script e pressione a tecla F5.

Exemplo 1: Faça um algoritmo que receba um número e mostre uma mensagem informando se o número digitado é maior ou menor que 10.

```
num = input("Digite um valor:")
if num > 10:
    print "O número que você digitou é maior que 10"
else:
    print "O número que você digitou e menor que 10"
```

Figura 34 – Resolução do exemplo 1.

Exemplo 2: Faça um algoritmo que receba um número e mostre uma mensagem dizendo se o número lido é zero, positivo ou negativo.

```
num = input("Digite um valor:")
if num == 0:
    print "O número que você digitou é zero"
elif num > 0:
    print "O número que você digitou é positivo"
else:
    print "O número que você digitou é negativo"
```

Figura 35 – Resolução do exemplo 2.

Exemplo 3: Escreva um algoritmo que leia o nome e as três notas obtidas por um aluno durante o semestre. Calcule a sua média (aritmética), informe o nome e sua menção Aprovado (média >= 7), Reprovado (média <= 5) e Recuperação (média entre 5.1 a 6.9).

```
nome = raw_input("Digite seu nome:")
print "Aluno:", nome
nota1 = input("Digite um da 1 nota:")
nota2 = input("Digite um da 2 nota:")
nota3 = input("Digite um da 3 nota:")
media = (nota1 + nota2 + nota3)/3
print "Você está:"
if media >= 7:
    print "Aprovado"
elif media <= 5:
    print "Reprovado"
else:
    print "Recuperação"
```

Figura 36 – Resolução do exemplo 3.

4.1 Exercícios

1– Faça um algoritmo no Python que leia dois números e escreva o maior.

2– Faça um algoritmo que leia três números inteiros e imprima-os em ordem crescente.

3– Faça um algoritmo no Python que leia um número inteiro e diga se esse número é "par" ou "ímpar".

4– Desenvolva um algoritmo no Python que peça ao usuário a quantia em dinheiro que tem sobrando e sugira, caso ele tenha 10 ou mais reais, que vá ao cinema, e se não tiver, fique em casa vendo TV.

5– Leia o nome e o sexo de uma pessoa, e apresente como saída uma das seguintes mensagens: "Il.^{mo} Sr.", caso seja informado o sexo como masculino, ou "Il.^{ma} Sra.", caso seja informado o sexo como feminino. Apresente também junto com cada mensagem de saudação o nome previamente informado.

6- Leia um valor numérico inteiro positivo ou negativo e apresente o valor lido como sendo um valor positivo, negativo ou igual a zero.

7- Escreva um algoritmo que leia um valor e retorne se é múltiplo de 5 ou não.

8- Entre com uma distância (km) e o tempo de viagem (horas) de um automóvel, e diga se a velocidade média foi superior ao limite (110 km/h) ou não.

9- Leia a temperatura de uma pessoa e exiba a mensagem "Está com Febre" ou "Sem Febre". Considere o valor base como 36.5.

10- Leia um número inteiro e exiba a mensagem "O número é múltiplo de 7" ou "O número não é múltiplo de 7".

11- Leia um número inteiro e imprima se ele é par e divisível por 3.

12- Leia o ano de nascimento de uma pessoa e escreva uma mensagem que diga se ela poderá ou não votar em uma eleição para prefeito (não é necessário considerar o mês em que ela nasceu). Considere o ano atual como 2009.

13- Leia uma letra e imprima uma mensagem "É uma vogal", se condizente. Assuma que as letras estão sempre em maiúsculas.

14- Entre com um valor e diga a qual mês do ano o mesmo corresponde. Se o valor for maior que doze ou menor que um, diga que o valor não corresponde a nenhum mês. Ex.: 3 = mês de março.

15- A partir de dois números fornecidos pelo usuário, escreva uma das seguintes mensagens:
    a) Os dois são pares;
    b) Os dois são ímpares;
    c) O primeiro é par e o segundo é ímpar;
    d) O primeiro é ímpar e o segundo é par.

16- Leia três números inteiros e exiba qual é o maior deles; suponha não haver empates.

17- Faça um algoritmo para ler a cor de um sinal de trânsito ('V' é verde, 'A' é amarelo e 'E' é vermelho) e exiba respectivamente as mensagens "Siga", "Atenção" ou "Pare". Assuma entradas válidas.

18- O que será impresso pelo algoritmo a seguir?
```
x = 10
y = 1
x = x-1
y = y+2
x = x-1
y = y+2
x = x-1
y = y+2
if x>y:
    print 'X ficou maior que y'
elif x<y:
    print 'X ficou menor que y'
else:
    print 'X e Y ficaram iguais'
```

19- Observe o programa abaixo:
#Deve ser digitado apenas a letra V ou F para L1, L2 e L3

L1=raw_input("Digite uma letra")
L2=raw_input("Digite uma letra")
L3=raw_input("Digite uma letra")

if L1 =='v':
   print 'A'
else:
   if L2 == 'v':
      if L3 == 'v':
         print 'B'
      else:
         print 'C'
         print 'D'
   print 'E'

Marque a alternativa que responde respectivamente às seguintes questões:
   i) Se forem lidos V, V e F, o que será escrito pelo programa?
   ii) Se forem lidos F, V e F, o que será escrito pelo programa?
   iii) Se forem lidos F, V e V, o que será escrito pelo programa?
   iv) Que valores deveriam ser lidos para que fosse escrito apenas 'E'?

a) A, B E, B E, F F V
b) A E, B D E, B E, F F F
c) A, C D, B, V F V
d) A E, B D E, B E, F V F
e) A, C D E, B E, F F V

20- Faça um algoritmo para calcular e imprimir o IMC de uma pessoa, e depois, exibir uma das seguintes mensagens:

IMC	Classificação
<18,5	Abaixo do peso
<25	Peso normal
<30	Sobrepeso
<35	Obeso leve
<40	Obeso moderado
>=40	Obeso mórbido

05. Estruturas de Repetição

As estruturas de repetição em python, são utilizadas para executar a mesma parte de um programa várias vezes, normalmente dependendo de uma condição. A linguagem Python possui duas estruturas de repetição:
- While
- For

A diferança entre quando utilizar o while e o for são:
Para casos em que o fim é indeterminado devemos utilizar o while. Exemplo:
while x <> 0:
while x > 0:
Agora para casos em que o fim é determinado devemos utilizar o for. Exemplo:
for i in range (100):
for i in range (1,n):

5.1 Comando While

A estrutura while (enquanto) ou *loop* while, como também é chamado, tem como objetivo repetir a execução de um bloco de código enquanto certa condição é valida.

Essa estrutura de repetição se caracteriza por efetuar um teste lógico no início de um *loop*, verificando se é permitido executar o trecho de instruções abaixo dela. A estrutura while tem o seu funcionamento controlado por uma condição. Desta forma, poderá executar um determinado conjunto de instruções enquanto a condição verificada permanecer verdadeira. No momento em que a condição se torna falsa, o processamento da rotina é desviado para fora do *loop*. Sendo a condição falsa logo no início do *loop*, as instruções contidas nele são ignoradas.

A sintaxe do comando de repetição while é a seguinte:
while <condição> :
 # bloco de código
A seguir serão descritos alguns exemplos que mostram a utilização do comando de repetição while. Todos estes algoritmos serão construídos utilizando o editor de texto, mas para executá-los, salve o script e pressione a tecla F5.

Exemplo 1: Faça um algoritmo que receba N números e mostre positivo, negativo ou zero para cada número.

```
opc = 1
while opc == 1:
    num = input("Digite um valor:")
    if num == 0:
        print "O numero e igual a 0"
    elif num > 0:
        print "Positivo"
    else:
        print "Negativo"

    resp = raw_input("Deseja finalizar?(S/N)")
    if resp == "S":
        opc = 0
print "Algoritmo finalizado"
```

Figura 37 – Resolução do exemplo 1.

Exemplo 2: Faça um algoritmo que receba vários números e mostre uma mensagem dizendo se o número lido é divisível por 5.

```
opc = 1
while opc == 1:
    num = input("Digite um valor:")
    if num % 5 == 0:
        print "O número é divisível por 5"
    else:
        print "O número não é divisível por 5"

    resp = raw_input("Deseja finalizar?(S/N)")
    if resp == "S":
        opc = 0

print "Algoritmo finalizado"
```

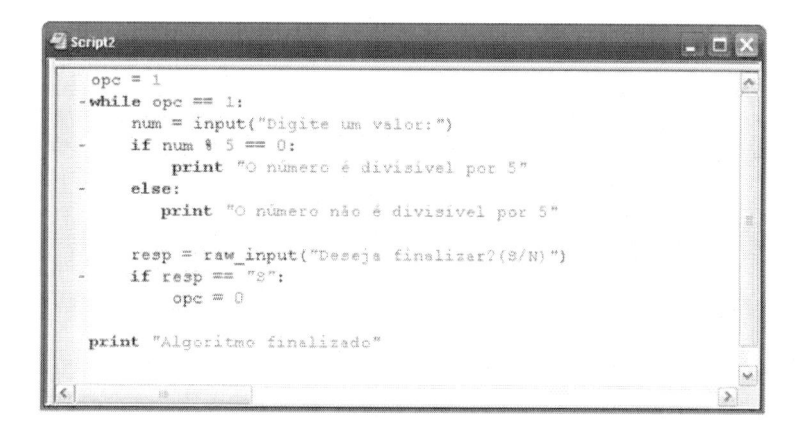

Figura 38 – Resolução do exemplo 2.

Exemplo 3: Faça um algoritmo que mostre os 20 primeiros números ímpares.

```
num = 1
cont = 1
while cont <= 20:
    print num
    cont = cont + 1
    num = num + 2
```

Figura 39 – Resolução do exemplo 3.

5.2 Exercícios

1– Faça um algoritmo no Python que mostre os 20 primeiros números pares.

2– Faça um algoritmo que leia uma sequência de números inteiros e imprima o maior valor. Último número = 0.

3– Apresente a média de um conjunto de valores inteiros positivos fornecidos pelo usuário via teclado. O flag será 0. Lembre-se: flag é um número de controle e ele não entra nos cálculos.

4– Imprima os números 11, 21, 31, ... 101.

5– Leia 10 números e exiba a soma dos números ímpares.

6- Leia 20 números e exiba qual foi o menor e o maior.

7- Leia diversos números inteiros e exiba quantas vezes o número 50 foi informado. O valor 0 é código de fim da entrada.

8- Apresente a tabuada das potências de 3, variando do expoente 0 até o expoente 15. A tabuada deve ser apresentada do modo seguinte:
$3^0 = 1$
$3^1 = 3$
$3^2 = 9$
(...)

9- Faça um algoritmo que leia diversos números positivos e escreve, para cada um, sua raiz quadrada. Flag = 0.

10- Escreva um programa que apresente a série de Fibonacci até o 15° termo. A série de Fibonacci é formada pela sequência: 1,1,2,3,5,8,13,21,34, ... etc. Essa série se caracteriza pela soma de um termo atual com o seu anterior subsequente, para que seja formado o próximo valor da sequência.

11- Escreva um algoritmo para ler todas as notas de um aluno, uma para cada disciplina, e calcular a média das notas. O flag será uma nota negativa que será utilizada como valor de controle e não entrará nos cálculos. Finalmente, o programa deve imprimir o valor da média e o valor da maior nota do aluno.

12- Um garrafão de 20 litros, cheio de água, está com um furo que vaza 50 ml a cada 30 minutos. Faça um algoritmo para calcular em quantas horas estará vazio.

13- Faça um algoritmo que leia um número binário e transforme-o em um número decimal.

14- Mostre o que será impresso pelo algoritmo a seguir:
```
x = 0
y = 30
while x < 10:
    x = x + 1
    y = y - 1
print x,y
```

5.3 Comando For

O loop for é diferente do loop while, pois não utiliza uma condição. Ele precisa somente de um argumento iterável e de uma variável para repassar o item de cada iteração.

O comando for no Python difere um pouco do que se está acostumado no C ou no Pascal. Ao invés de iterar sobre progressões aritméticas (como no Pascal) ou fornecer ao usuário a habilidade de definir tanto o passo da iteração quanto a condição de parada (como no C), o for do Python itera sobre os itens de uma sequência (ex.: uma lista ou uma string), na ordem em que aparecem na sequência.

A sintaxe do comando de repetição for é a seguinte:

for var **in** iterable**:**
 # bloco de código

Onde var é o nome de uma variável e iterable é a iteração. Com o for, podemos "varrer" qualquer sequência: strings, listas, tuplas ou dicionários. Por exemplo, se você precisar fazer uma iteração em strings, basta utilizar o comando for, conforme a Figura 40.

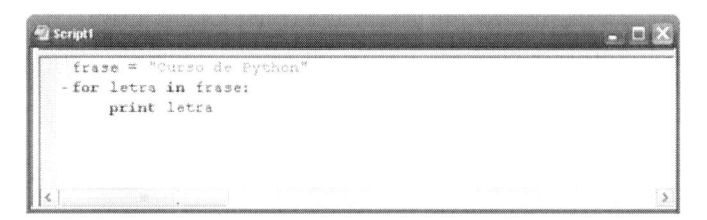

```
frase = "Curso de Python"
for letra in frase:
    print letra
```

Figura 40 – Iteração em strings utilizando o comando for.

Agora, se você precisar iterar sobre as sequências numéricas, a função interna range() será a resposta. Ela gera listas contendo progressões aritméticas, conforme é mostrado pela Figura 41.

05. Estruturas de Repetição — 49

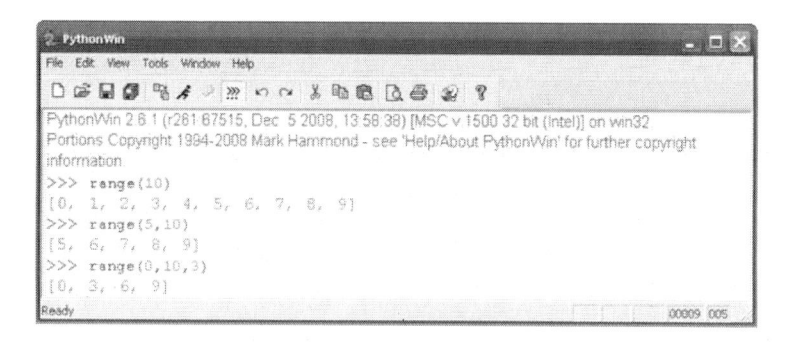

```
>>> range(10)
[0, 1, 2, 3, 4, 5, 6, 7, 8, 9]
>>> range(5,10)
[5, 6, 7, 8, 9]
>>> range(0,10,3)
[0, 3, 6, 9]
```

Figura 41 – Iteração em sequência numérica utilizando o comando for.

Ao especificar somente um valor, a função range retorna uma lista de números. Diferentemente do que imaginamos, ela não retorna uma lista até o número especificado (neste caso, de 0 a 10), mas sim, um intervalo que se inicia em zero e termina no número inteiro que antecede o número especificado.

A seguir serão descritos alguns exemplos que mostram a utilização do comando de repetição for. Todos estes algoritmos serão construídos utilizando o editor de texto, mas para executá-los, salve o script e pressione a tecla F5.

Exemplo 1: Faça um algoritmo que receba e imprima os 20 primeiros números ímpares.

```
for cont in range(1,40,2):
    print cont
```

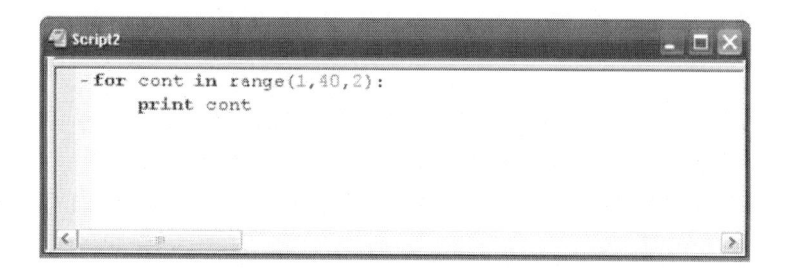

Figura 42 – Resolução do exemplo 1.

Exemplo 2: Considere que 10 alunos fizeram uma prova de Introdução à Programação. Sendo assim, faça um algoritmo que leia as 10 notas e imprima apenas a maior.

```
maiornota = 0
for cont in range(10):
    nota = input("Digite uma nota:")
    if nota > maiornota:
        maiornota = nota
print "A maior nota é:", maiornota
```

Figura 43 – Resolução do exemplo 2.

Exemplo 3: Uma rainha requisitou os serviços de um monge e disse-lhe que pagaria qualquer preço. O monge, necessitando de alimentos, perguntou à rainha se o pagamento poderia ser feito com grãos de trigo dispostos em um tabuleiro de xadrez, de tal forma que o primeiro quadro contivesse apenas um grão e os quadros subsequentes, o dobro do quadro anterior. A rainha considerou o pagamento barato e pediu que o serviço fosse executado, sem se dar conta de que seria impossível efetuar o pagamento. Faça um algoritmo para calcular o número de grãos que o monge esperava receber.

```
graos = 1
for cont in range(63):
    graos = graos + graos * 2
print "O total de grãos e:", graos
```

Figura 44 – Resolução do exemplo 3.

5.4 Exercícios

1– Faça um algoritmo que imprima 10 vezes a frase "Sistemas de Informação".

2– Faça um algoritmo que mostre os 20 primeiros números pares.

3– Apresente todos os valores numéricos inteiros ímpares situados na faixa de 0 a 20.

4- Faça um algoritmo para exibir os números 0, 1, 4, 9, 16, 25, 36 ..., 9801.

5- Mostre o que será impresso pelo algoritmo abaixo.
```
x = 0
y = 30
for x in range(10):
    x = x + 1
    y = y - 1

print x,y
```

6- Leia diversos números inteiros e exiba a tabuada de multiplicação de cada um. O código 0 finaliza a leitura.

7- Num frigorífico, existe N bois. Cada boi traz preso em seu pescoço um cartão contendo o seu número de identificação e peso. Calcule e escreva o peso e o número do boi mais gordo e do boi mais magro.

8- Faça um algoritmo que leia cinco números e escreva todos os que forem positivos.

9- Faça um algoritmo que leia um número N e escreva todos os números de 1 a N.

10- Escreva um algoritmo para ler um número inteiro K e imprimir os 10 primeiros números inteiros, múltiplos de 3 maiores que o número K. Se o próprio número K já for, ele mesmo, divisível por 3, inclua-o no grupo dos 10 primeiros números que devem ser impresso (e, neste caso, serão impressos, portanto, o número K seguido de mais 9 outros).

11- Faça um algoritmo para imprimir o fatorial de um número inteiro fornecido pelo usuário. O fatorial de um número N (representado por N!) é calculado pela fórmula:

12- Em Matemática, uma série é uma sequência de números que possui uma lei de formação. Faça um algoritmo para calcular a soma da série abaixo, onde N é fornecido pelo usuário:
1/2 + 1/4 + ... 1/2n

13- Escreva um algoritmo que leia um conjunto de 10 informações contendo, cada uma delas, a altura e o sexo de uma pessoa ('M' masculino e 'F' feminino). Calcule e mostre:
    a) a maior e a menor altura;
    b) a média da altura das mulheres;
    c) a média da altura da turma.

06. Lista

Uma lista é um conjunto ordenado de valores (como um vetor em outras linguagens), onde cada valor é identificado por um índice. Os índices são iniciados em zero e atribuídos sequencialmente a partir deste. Os valores que compõem uma lista são chamados elementos. A Figura 45 mostra o exemplo de uma lista

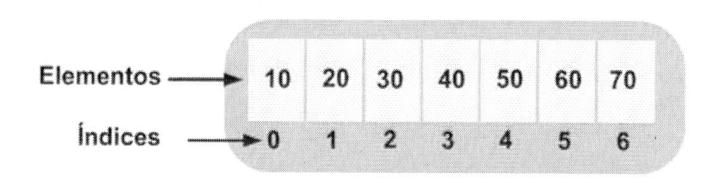

Figura 45 – Exemplo de lista.

As listas são similares a strings, que são conjuntos ordenados de caracteres, com a diferença de que os elementos de uma lista podem possuir qualquer tipo, ou seja, a lista pode conter quaisquer valores, incluindo valores de tipos mistos e até outras listas. A Figura 46 mostra o exemplo de como criarmos uma lista.

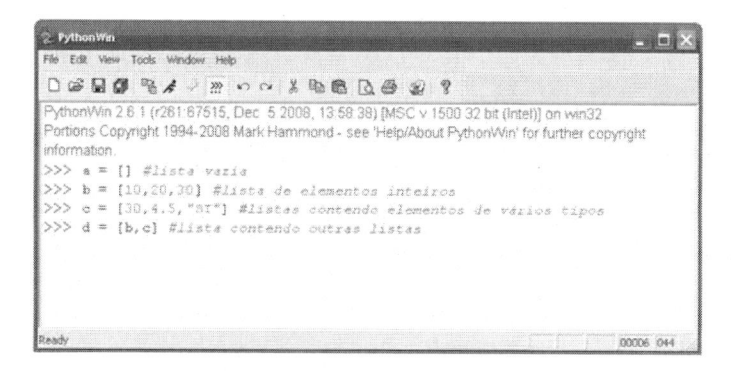

```
>>> a = [] #lista vazia
>>> b = [10,20,30] #lista de elementos inteiros
>>> c = [30,4.5,"BI"] #listas contendo elementos de vários tipos
>>> d = [b,c] #lista contendo outras listas
```

Figura 46 – Exemplo de como criar uma lista.

Para acessar um elemento específico de uma lista, usamos o nome da lista seguido do índice entre colchetes, conforme é apresentado na Figura 46.

Figura 47 – Acessando valores em uma lista.

Para modificar o valor de uma lista, basta atribuir ao índice o novo valor, conforme é apresentado na Figura 47.

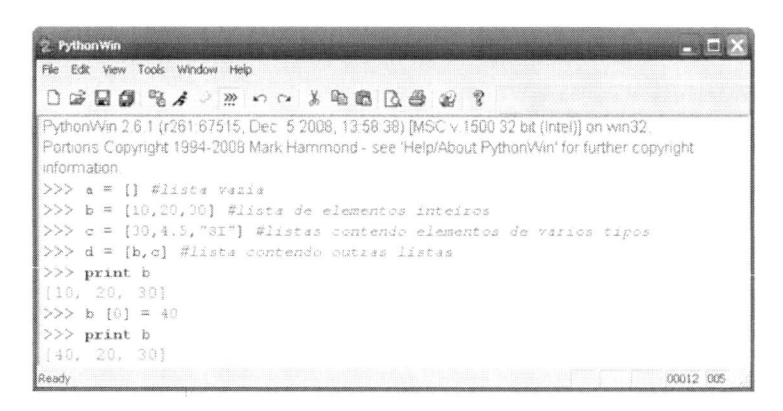

Figura 48 – Alterando valores em uma lista.

6.1 Tamanho das Listas

Para definirmos o tamanho de uma lista, basta utilizarmos a função len. O valor retornado é igual ao número de elementos da lista, conforme é apresentado na Figura 48.

```
>>> b = [10,20,30]
>>> print len(b)
3
```

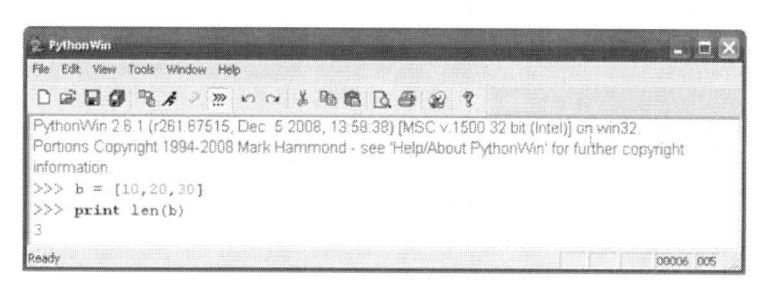

Figura 49 – Retornando o tamanho da lista.

6.2 Adição de Elementos

Uma das principais vantagens de trabalharmos com listas é poder adicionar novos elementos durante a execução do programa. Para adicionarmos um elemento ao fim da lista, utilizamos o método append. A Figura 49 mostra o exemplo de utilização desse método.

```
>>> b = [10,20,30]
>>> print b
[10, 20, 30]
>>> b.append(40)
>>> print b
[10, 20, 30, 40]
```

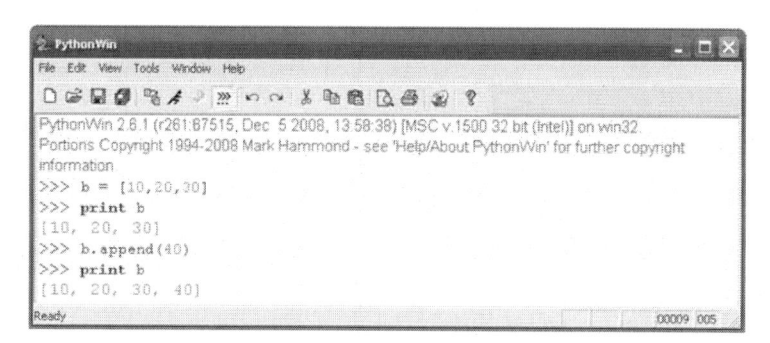

Figura 50 – Inserindo elementos na lista pelo método append.

Outra maneira de adicionar um elemento a uma lista é utilizando o método extend. Esse método adiciona vários elementos ao final da lista. A Figura 50 mostra o exemplo de utilização do método.

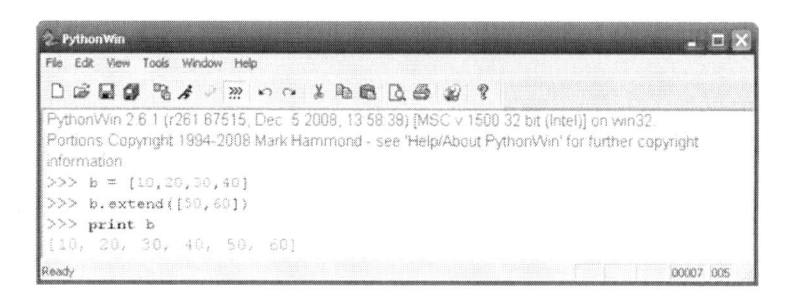

```
>>> b = [10,20,30,40]
>>> b.extend([50,60])
>>> print b
[10, 20, 30, 40, 50, 60]
```

Figura 51 – Inserindo elementos na lista pelo método extend.

Outra maneira de adicionar um elemento a uma lista é utilizando o método insert(P,V), onde:
P -> posição onde será inserido o elemento;
V -> valor que será inserido.
A Figura 51 mostra o exemplo de utilização desse método.

```
>>> print b
[10, 20, 30, 40]
>>> b.insert(4,50)
>>> print b
[10, 20, 30, 40, 50]
```

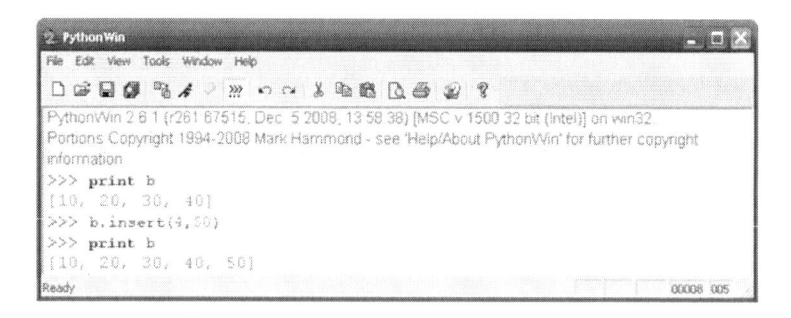

Figura 52 – Inserindo elementos na lista pelo método insert.

6.3 Remoção de Elementos

Para remover um elemento da lista, basta utilizar o método remove. Esse método remove a primeira ocorrência de um elemento na lista. Resulta em erro caso não exista o elemento. A Figura 52 mostra o exemplo de utilização desse método.

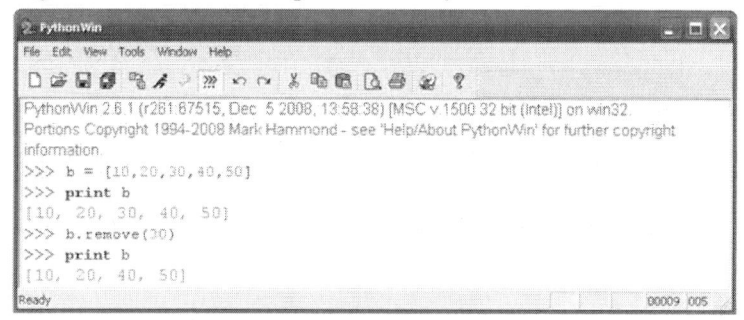

```
PythonWin 2.6.1 (r261:67515, Dec 5 2008, 13:58:38) [MSC v.1500 32 bit (Intel)] on win32.
Portions Copyright 1994-2008 Mark Hammond - see 'Help/About PythonWin' for further copyright information.
>>> b = [10,20,30,40,50]
>>> print b
[10, 20, 30, 40, 50]
>>> b.remove(30)
>>> print b
[10, 20, 40, 50]
```

Figura 53 – Removendo elementos na lista pelo método remove.

Outro método utilizado para remover um elemento da lista é o pop(P), onde P é a posição na qual se deseja excluir o item. Se usado sem o valor pop(), remove o último elemento da lista. A Figura 53 mostra o exemplo de utilização desse método.

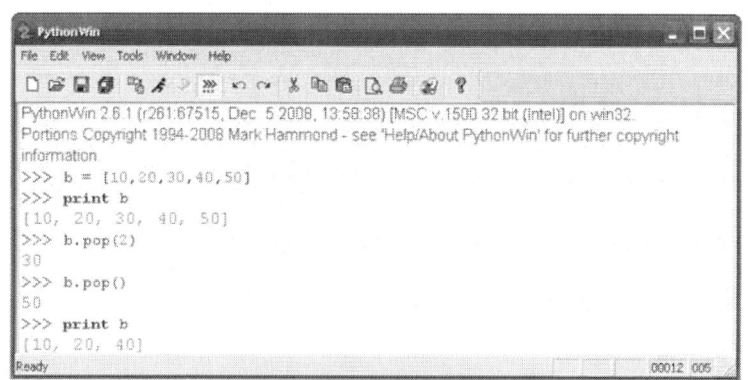

```
PythonWin 2.6.1 (r261:67515, Dec 5 2008, 13:58:38) [MSC v.1500 32 bit (Intel)] on win32.
Portions Copyright 1994-2008 Mark Hammond - see 'Help/About PythonWin' for further copyright information.
>>> b = [10,20,30,40,50]
>>> print b
[10, 20, 30, 40, 50]
>>> b.pop(2)
30
>>> b.pop()
50
>>> print b
[10, 20, 40]
```

Figura 54 – Removendo elementos na lista pelo método pop.

Outra maneira de remover um elemento da lista é utilizando o método del<nome da lista>[P], onde P é a posição na qual se deseja excluir o item. A Figura 54 mostra o exemplo de utilização desse método.

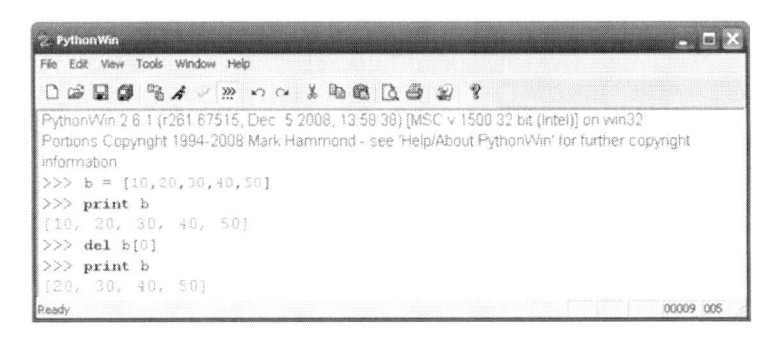

Figura 55 – Removendo elementos na lista pelo método Del.

6.4 Ordenando uma Lista

Para ordenar os elementos de uma lista de maneira crescente, basta utilizar o método Sort(). O método Sort utiliza o algoritmo de ordenação Timsort.

Timsort é um algoritmo de ordenação híbrido derivado do merge sort e do insertion sort, projetado para ter boa performance em vários tipos de dados do mundo real. Foi inventado por Tim Peters, em 2002, para ser usado na linguagem de programação Python, e tem sido o algoritmo de ordenação padrão do Python desde a versão 2.3. A Figura 55 mostra o exemplo de utilização desse método.

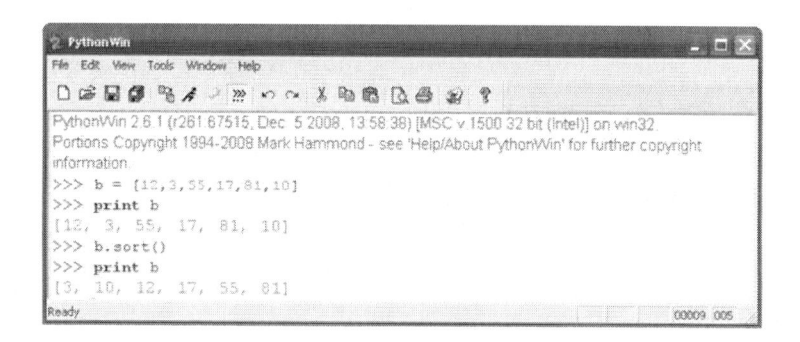

```
>>> b = [12,3,55,17,81,10]
>>> print b
[12, 3, 55, 17, 81, 10]
>>> b.sort()
>>> print b
[3, 10, 12, 17, 55, 81]
```

Figura 56 – Ordenando elementos na lista pelo método del.

6.5 Número de Ocorrência de Elementos numa Lista

O método utilizado para retornar a quantidade de vezes que um elemento aparece na lista é Count(). A Figura 56 mostra o exemplo de utilização desse método.

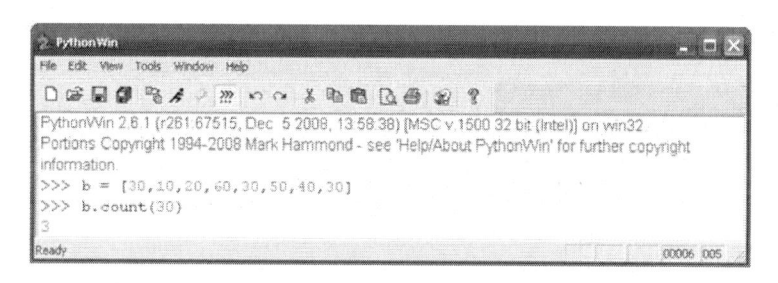

```
>>> b = [30,10,20,60,30,50,40,30]
>>> b.count(30)
3
```

Figura 57 – Número de ocorrência de elementos numa lista.

6.6 OPERAÇÕES EM LISTAS

O operador (+) é utilizado para concatenar listas. A Figura 57 mostra o exemplo de utilização.

Figura 58 – Exemplo do operador (+).

Similarmente, o operador (*) repete uma lista um número dado de vezes. A Figura 58 mostra o exemplo de utilização.

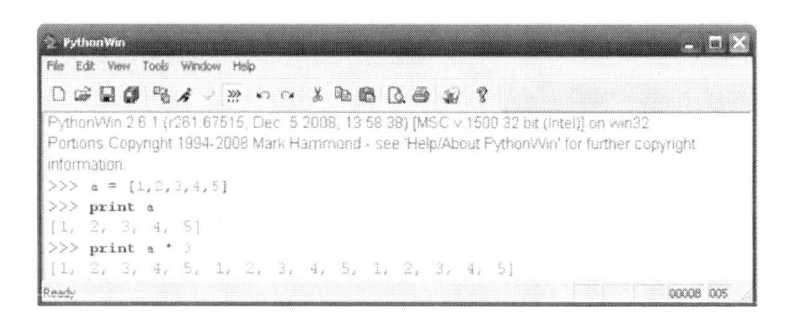

Figura 59 – Exemplo do operador (*).

6.7 Operador in

Para saber se um elemento pertence a uma lista, utilizamos o operador in. A Figura 59 mostra o exemplo de utilização.

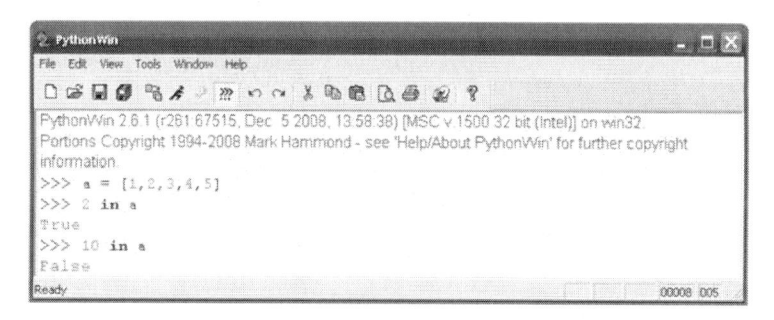

Figura 60 – Exemplo do operador in.

6.8 Listas Aninhadas

Uma lista aninhada é uma lista que aparece como um elemento de outra lista. No exemplo apresentado pela Figura 60, o terceiro elemento é uma lista aninhada.

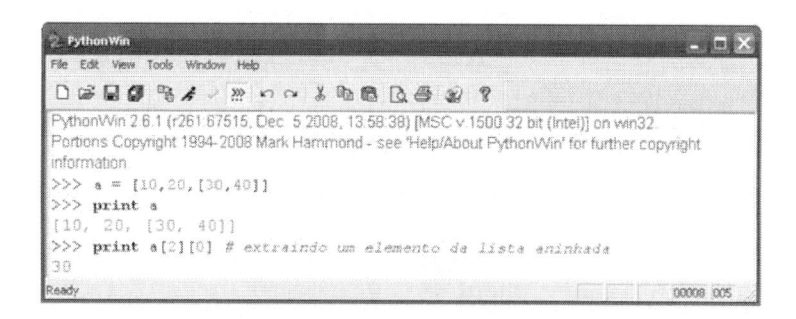

Figura 61 – Exemplo de lista aninhada.

6.9 Exemplo de Utilização de Listas

A seguir serão descritos alguns exemplos que mostram a utilização do comando de repetição for. Todos estes algoritmos serão construídos utilizando o editor de texto, mas para executá-los, salve o script e pressione a tecla F5.

Exemplo 1:
Uma prova de Química foi feita por um grupo de 10 alunos. Faça um algoritmo para ler as notas obtidas pelos alunos e depois, exibir um relatório das notas iguais ou superiores a 7,5.
Solução: Este exercício é uma aplicação simples de vetores. Uma repetição está embutida no problema, pois são 10 as notas a serem lidas. Após a leitura, o computador deve exibir uma lista das notas que são iguais ou superiores a 7,5. Se fôssemos usar uma variável de leitura simples dentro de uma repetição, cada valor seria sobreposto pelo seguinte; precisamos, portanto, ter as 20 notas armazenadas ao mesmo tempo na memória para decidir quais serão impressas.

```
rep = []
for cont in range(10): # entrada de dados
        valor = input("Digite um valor:")
        rep.append(valor)

print rep
```

Figura 62 – Resolução do exemplo 1.

Exemplo 2:

Modifique o algoritmo anterior, de modo a escrever a quantidade de notas boas obtidas pelos alunos.

Solução: A leitura permanece igual, isto é, o usuário continua fornecendo 10 notas. Na impressão, entretanto, precisamos de outra variável que armazene quantas notas boas são impressas. Na verdade, essa nova variável também é uma contadora, mas que será incrementada somente se a nota for maior ou igual a 7,5:

```
nota = []
for cont in range(10):  # entrada de dados
        valor = input("Digite um valor:")
        nota.append(valor)

for cont in range(10):  # compara notas
        if nota[cont]>=7.5:
                print nota[cont]
```

Figura 63 – Resolução do exemplo 2.

Exemplo 3:

Num concurso público, um candidato respondeu a uma avaliação com 80 questões de múltipla escolha, onde cada questão tinha resposta A até D. Faça um algoritmo para ler o gabarito da prova e as respostas do aluno, informando quantas questões ele acertou.

Solução: Precisamos armazenar 80 respostas referentes ao gabarito oficial, e mais 80 referentes às respostas do candidato. Toda vez que uma letra armazenada em uma posição do gabarito for igual à letra da mesma posição do vetor de respostas, significará que houve um acerto a ser contabilizado.

```
gabarito = []
resposta = []
certo = 0
for cont in range(10): # leitura do gabarito
        valor = input("Digite a resposta da questao:")
        gabarito.append(valor)

for cont in range(10): # leitura das respostas do candidato
        valor = input("Digite a resposta do candidato:")
        resposta.append(valor)

for cont in range(10): # compara notas
        if gabarito[cont] == resposta[cont]:
                acerto = acerto + 1

print "O candidato acertou", acerto, "questoes"
```

Figura 64 – Resolução do exemplo 3.

6.10 Matriz

No Python, uma matriz é uma lista que possui mais de uma dimensão, geralmente duas. Sendo bidimensional, a variável atua como uma grade de linhas e colunas, onde a interseção entre uma linha e uma coluna armazena um dado. Cabe observar que uma lista unidimensional nada mais é do que uma matriz com uma única linha – ou uma única coluna, dependendo do ponto de vista. Para trabalhar com matriz no Python, utilizamos cadeias de for e listas.

6.10.1. Exemplo de Utilização

A seguir serão descritos alguns exemplos que mostram a utilização da matriz. Todos estes algoritmos serão construídos utilizando o editor de texto, para executá-los, salve o script e pressione a tecla F5.

Exemplo 2:
Faça um algoritmo que preencha uma matriz 3x5 com o número 1 em todas as posições e imprima o resultado.

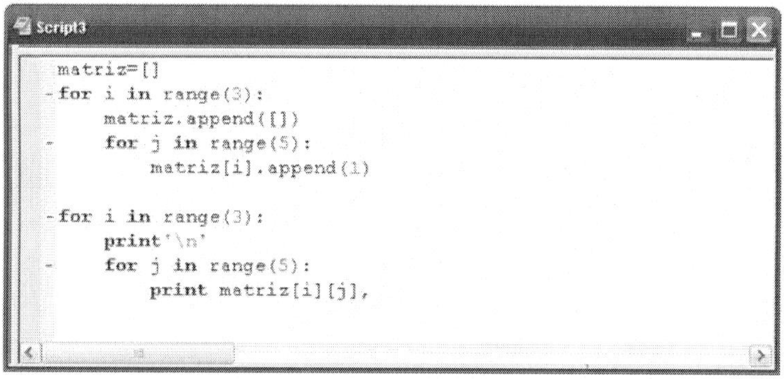

```
matriz=[]
for i in range(3):
    matriz.append([])
    for j in range(5):
        matriz[i].append(1)

for i in range(3):
    print '\n'
    for j in range(5):
        print matriz[i][j],
```

Figura 65 – Resolução do exemplo 1.

Exemplo 2:
Faça um algoritmo que gere e exiba a matriz abaixo:

	1	2	3	4
1	11	12	13	14
2	15	16	17	18
3	19	20	21	22

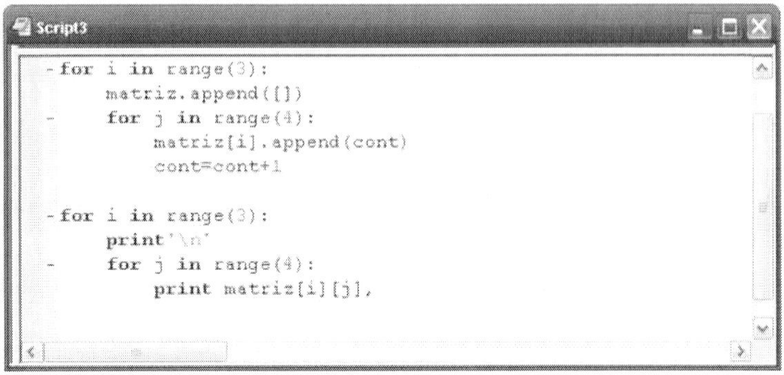

```
for i in range(3):
    matriz.append([])
    for j in range(4):
        matriz[i].append(cont)
        cont=cont+1

for i in range(3):
    print '\n'
    for j in range(4):
        print matriz[i][j],
```

Figura 66 – Resolução do exemplo 2.

6.11 Exercícios

1- Mostre o resultado final impresso pelo algoritmo a seguir:
vet = []
for cont in range(1,6):
   cont = cont**2
   vet.append(cont)

print vet

2- Mostre o resultado final impresso pelo algoritmo a seguir:
vet = []
vet1 = []
for cont in range(1,11):
   cont = 10 * cont
   vet.append(cont)

```
for cont in range(1,9):
    cont = vet[cont] + 1
    vet1.append(cont)

print vet1
```

3- Mostre o resultado final impresso pelo algoritmo a seguir:
```
vet = []
vet1 = []
for cont in range(1,11):
    cont = 10 * cont
    vet.append(cont)

for cont in range(1,9):
    cont = vet[cont + 1]
    vet1.append(cont)

print vet1
```

4- Mostre o resultado final impresso pelo algoritmo a seguir:
```
v = [2,6,8,3,10,9,1,21,33,14]
for i in range(0,10,2):
    print v[i]
```

5- Faça um algoritmo para gerar uma lista de 10 posições, onde cada elemento corresponde ao cubo de sua posição. Imprima depois o vetor resultante.

6- Faça um algoritmo para gerar uma lista de 30 posições, onde cada elemento corresponde ao quadrado de sua posição. Imprima depois o vetor resultante.

7- Faça um algoritmo para gerar uma lista de 20 posições, onde cada elemento corresponde ao quádruplo de sua posição. Imprima depois o vetor resultante.

8- Faça um algoritmo para gerar uma lista de 10 posições, onde cada elemento corresponde à soma de sua posição. Imprima depois o vetor resultante. Exemplo:

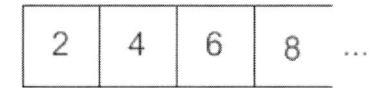

| 2 | 4 | 6 | 8 | ... |

9- Escreva um algoritmo que faça a leitura das notas dos alunos de uma disciplina e armazene-as numa variável composta NOTA. Considere que há uma nota para cada aluno e que há 10 alunos cursando a disciplina. Em seguida, calcule e imprima a maior nota da sala.

10- Escreva um algoritmo que leia o nome de 10 pessoas, depois leia um nome X e responda se esse nome X está incluído, ou não, no grupo dos 10. Obs.: Considere que os nomes têm no máximo 15 letras.

11- Leia 20 números inteiros e, em seguida, leia um número x e informe se esse número aparece entre os 20 números, e se for o caso, quantas vezes aparece.

12- Dados dois conjuntos A e B com 20 elementos, obtenha e escreva o conjunto C formado pelos elementos de A e B.
Exemplo: A = 5 7 3
B = 3 0 8
C = 5 7 3 3 0 8

13- Faça um algoritmo que leia um número decimal e transforme-o em um número binário.

14- Gere e imprima a matriz:

0	0	0	0
1	1	1	1
2	2	2	2
3	3	3	3

15- Mostre o resultado final impresso pelo algoritmo, preenchendo as posições necessárias da matriz:

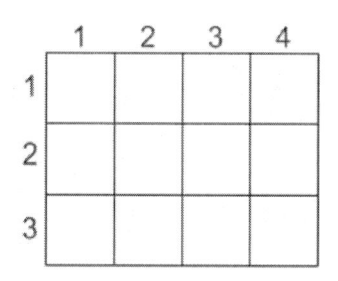

	1	2	3	4
1				
2				
3				

```
matriz=[]
cont=11
for i in range(3):
   matriz.append([])
   for j in range(4):
      matriz[i].append(cont)
      cont=cont+1

for i in range(3):
   print'\n'
   for j in range(4):
      print matriz[i][j],
```

16- Faça um algoritmo que preencha uma matriz 3x3 com o número 1 em todas as posições e imprima o resultado.

17- Leia uma matriz quadrada 2x2 de elementos numéricos. Divida cada elemento de uma linha pelo elemento da diagonal principal. Escreva a matriz modificada.

07. Funções

A linguagem Python nos oferece uma sub-rotina[1] para criarmos programas modulares e estruturados que são as **funções** (def). Função é um bloco de programa (trechos de código) contendo início e fim, identificado por um nome, através do qual será referenciado em qualquer parte do programa principal ou da sub-rotina chamadora.

Funções são pequenos trechos de código reutilizáveis. Elas permitem dar um nome a um bloco de comandos e rodar esse bloco usando o nome a partir de qualquer lugar do programa, quantas vezes você quiser. Isto é conhecido como "chamar" a função. Já usamos algumas funções internas do Python, tais como *len* e *range*.

As funções são definidas usando a palavra-chave **def**. Esta é seguida pelo nome da função, um par de parênteses que pode envolver algumas variáveis, dois pontos e o bloco de comandos, conforme é apresentado na Figura 66.

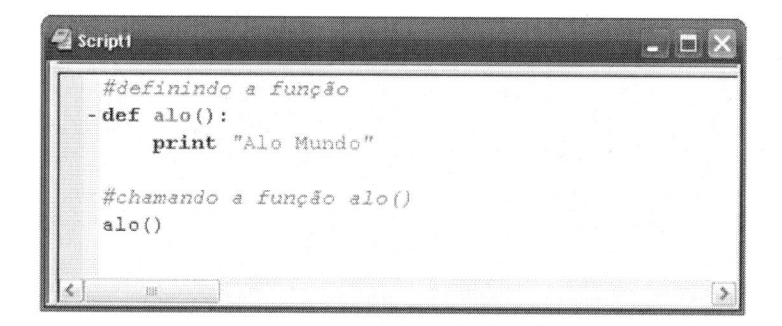

```
#definindo a função
def alo():
    print "Alo Mundo"

#chamando a função alo()
alo()
```

Figura 67 – Exemplo de função.

---

[1] Nome dado a um trecho menor do programa que é utilizado quando o programa se torna muito complexo, necessitando, assim, de uma visão para facilitar sua compreensão e sua manutenção.

7.1. Argumentos e Parâmetros

A função alo() apresentada pela Figura 66 não possui nenhum parâmetro. Parâmetros são as variáveis que podem ser incluídas nos parênteses da definição. O bloco de comandos da função pode utilizar essas variáveis para processar a informação e executar algum trabalho útil. Quando a função é chamada, são passados valores a serem atribuídos às variáveis e esses valores são chamados argumentos.

A Figura 67 apresenta um exemplo de uma função que possui parâmetros em sua definição e, por sua vez, exige argumentos na chamada.

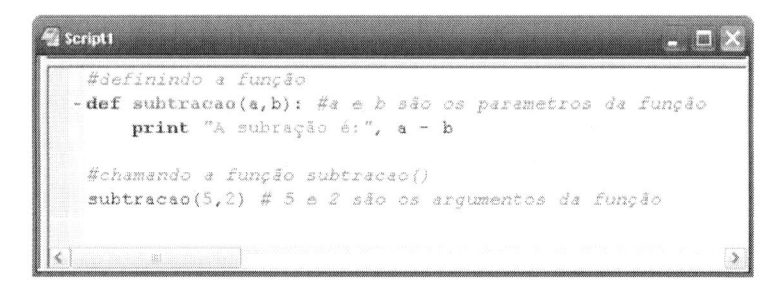

```
#definindo a função
def subtracao(a,b):  #a e b são os parametros da função
    print "A subração é:", a - b

#chamando a função subtracao()
subtracao(5,2) # 5 e 2 são os argumentos da função
```

Figura 68 – Exemplo de passagem de argumentos e parâmetros para a função.

A seguir serão descritos alguns exemplos que mostram a utilização das funções. Todos estes algoritmos serão construídos utilizando o editor de texto, para executá-los, salve o script e pressione a tecla F5.

Exemplo 1:
Deve ser criado um programa que, por intermédio de uma sub-rotina do tipo função, efetue a leitura de dois valores inteiros e apresente como saída uma mensagem informando se os números são iguais ou diferentes.

```
def compara(x,y):
    if x == y:
        print "números iguais"
    else:
        print "números diferentes"

num1 = input("Digite um valor:")
num2 = input("Digite outro valor:")
compara(num1,num2)
```

Figura 69 – Resolução do exemplo 1.

Exemplo 2:

Faça um programa para ler um número inteiro e chamar uma função que retorna uma mensagem, dizendo se o número lido é: Par, Ímpar ou Zero. Mostre o retorno da função.

```
def compara(x):
    if x == 0:
        print "Zero"
    elif x % 2 == 0:
        print "Par"
    else:
        print "Impar"

num1 = input("Digite um valor:")
compara(num1)
```

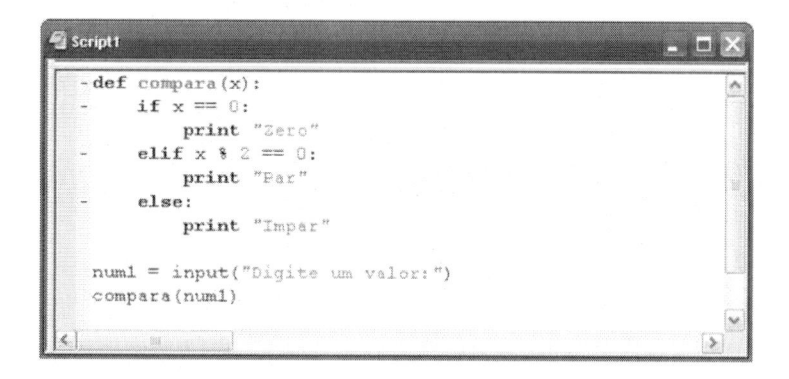

Figura 70 – Resolução do exemplo 2.

7.2. Variáveis Locais

Quando você cria uma variável dentro de uma função, ela é totalmente independente de qualquer outra variável que tenha o mesmo nome fora da função, isto é, os nomes das variáveis são locais para a função. Isto é chamado de escopo da variável. Todas as variáveis têm o escopo do bloco de comandos em que foram criadas. A Figura 70 demonstra o uso das variáveis locais.

```
-def func(x):
    print "x é:", x
    x = 2
    print "Valor local de x alterado para", x

x = 50
func(x)
print "x ainda é:", x
```

Figura 71 – Exemplo de variável local.

Na função, quando usamos o valor de *x* pela primeira vez, o Python usa o valor passado como argumento, no caso 50.

Depois, atribuímos o valor 2 a *x*. O nome *x* é local para a nossa função. Assim, quando alteramos o valor de *x* na função, o *x* definido no bloco principal permanece inalterado. A última instrução print confirma isto.

7.3. Variáveis Globais

Se você quiser atribuir um valor a uma variável definida fora da função, terá que informar ao Python que a variável não é local, mas sim global. Fazemos isto usando a instrução **global**. É impossível atribuir um valor a uma variável fora da função sem utilizar a instrução global.

Você pode usar o valor das variáveis definidas fora da função (considerando que não existem variáveis com o mesmo nome dentro da função). Porém, isto é desencorajado e deve ser evitado, uma vez que se torna difícil para o leitor saber onde a definição da variável está. Usar a instrução global torna claro que a variável foi definida fora da função. A Figura 71 demonstra o uso das variáveis globais.

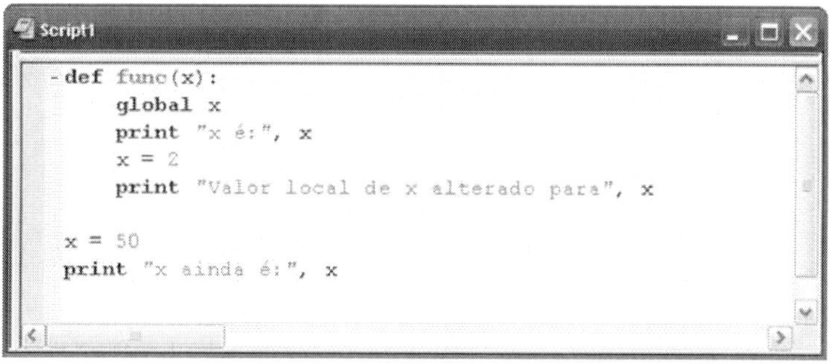

```
def func(x):
    global x
    print "x é:", x
    x = 2
    print "Valor local de x alterado para", x

x = 50
print "x ainda é:", x
```

Figura 72 – Exemplo de variável global.

7.4. Retornando o Valor

Nos exemplos descritos anteriormente, as funções não retornam valor algum, apenas exibem informação. Para retornar um valor, basta usar a expressão return dentro da função. A Figura 72 demonstra o uso da expressão return.

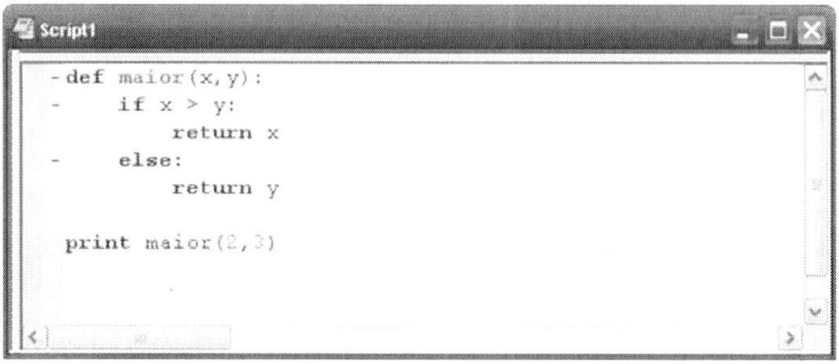
Script1
def maior(x, y):
    if x > y:
        return x
    else:
        return y

print maior(2, 3)

Figura 73 – Exemplo de utilização da expressão return.

7.5. Doc Strings

Para facilitar a vida de quem usará seus programas, e talvez a sua própria quando tiver que fazer a manutenção nos seus programas, podem-se inserir pequenas informações sobre as funções dentro delas. São as chamadas "doc strings". A Figura 73 demonstra das doc strings.

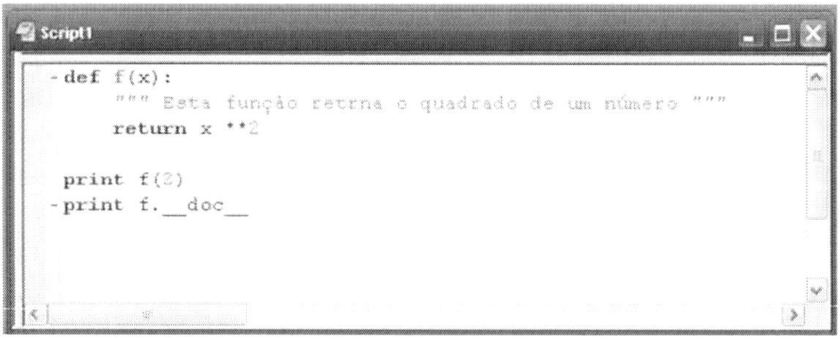
Script1
def f(x):
    """ Esta função retrna o quadrado de um número """
    return x **2

print f(2)
print f.__doc__

Figura 74 – Exemplo de utilização das doc strings.

7.6. RECURSIVIDADE

A recursividade é o processo de definição de algo em termos de si mesmo. Uma função é recursiva se uma declaração no corpo da função chama ela mesma. Exemplo: Uma rotina recursiva R pode ser expressa como uma composição formada por um conjunto de comandos C e uma chamada (recursiva) para a rotina R, conforme é mostrado na Figura 74.

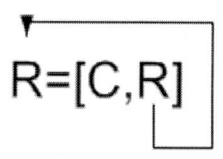

$$R=[C,R]$$

Figura 75 – Exemplo de recursividade.

Na recursividade, uma função deve estar apta a chamar a si própria. A Figura 75 apresenta um exemplo de utilização de recursividade para calcular o fatorial de um determinado número.

```
def fatorial(n):
    if n == 0 or n == 1:
        return 1
    else:
        return n*fatorial(n-1)

num = input("Digite um valor:")
print fatorial(num)
```

Figura 76 – Exemplo de utilização de recursividade.

7.7. Módulos

Imagine que pretendemos usar uma mesma função em vários programas sem ter de reescrever o código em cada um dos programas. Isso é possível com a utilização de módulos.

Módulos são programas feitos para serem reaproveitados em outros programas. Eles tipicamente contêm funções, variáveis, classes e objetos com alguma
funcionalidade comum.

Os módulos devem ser "salvos" numa pasta (ou diretório, como preferir) que esteja no path. Ou seja, path, de uma forma simples, pode ser definido como o lugar onde o Python procura os módulos quando eles são invocados num programa.

Para saber quais pastas estão no path, basta executar o comando apresentado na Figura 76.

Figura 77 – Verificando as pastas que existem no path.

7.7.1 Criando um Módulo

Vamos criar agora o nosso módulo, que será um conjunto de funções de manipulação de dois números (soma, diferença, produto, quociente, potência).

Gravaremos no diretório principal do Python (C:\python26, se estiver no path), com o nome numeros.py. A Figura 77 mostra o exemplo de criação do módulo.

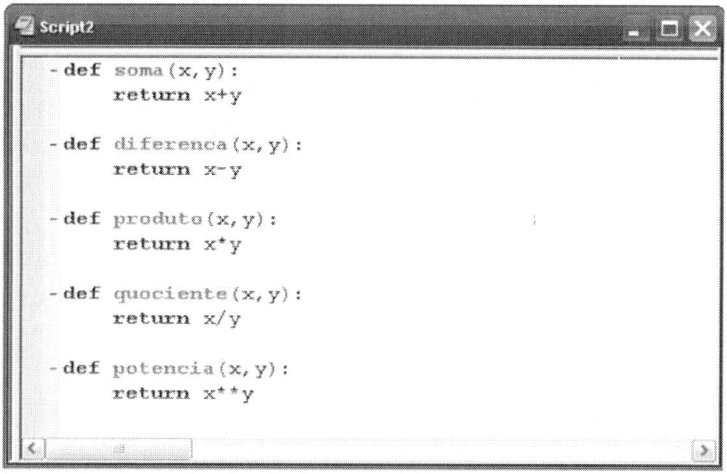

```
def soma(x,y):
    return x+y

def diferenca(x,y):
    return x-y

def produto(x,y):
    return x*y

def quociente(x,y):
    return x/y

def potencia(x,y):
    return x**y
```

Figura 78 – Criando um módulo.

7.7.2 Importando um Módulo

A instrução básica para manipular os módulos é import. No apresentado pela Figura 78, vamos importar o módulo numeros.py que acabamos de criar.

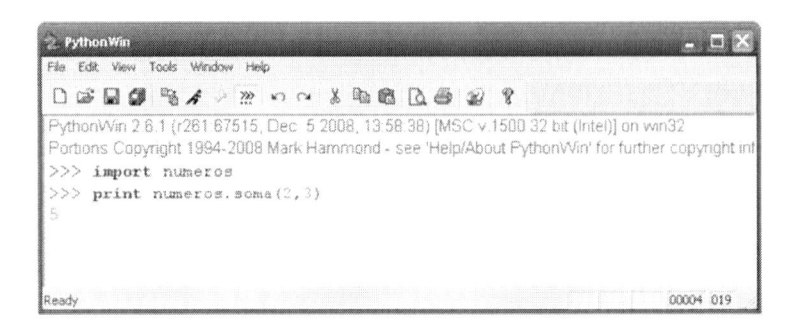

Figura 79 – Importando um módulo.

Para importar todas as funções do módulo numeros.py, basta utilizar o comando apresentado na Figura 79.

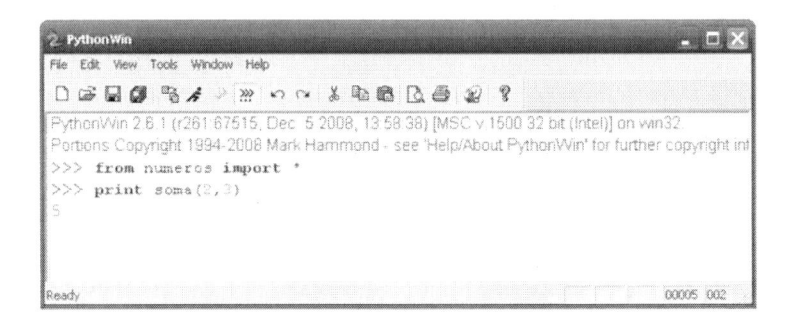

Figura 80 – Importando todas as funções do módulo.

Caso seja necessário saber quais funções são definidas em um determinado módulo, deve-se utilizar a função dir(). A Figura 80 apresenta a utilização dessa função retornando uma lista de Strings com o nome de todas as funções definidas dentro do módulo números.py.

```
>>> import numeros
>>> dir(numeros)
['__builtins__', '__doc__', '__file__',
'__name__', '__package__', 'diferenca',
'potencia', 'produto', 'quociente', 'soma']
```

Figura 81 – Utilizando a função dir().

7.7.3 Módulo Math

O módulo math é um módulo nativo do Python, isto é, ele é distribuído juntamente com o interpretador e possui funções para realizar diversas operações matemáticas. A Figura 81 mostra a utilização desse módulo.

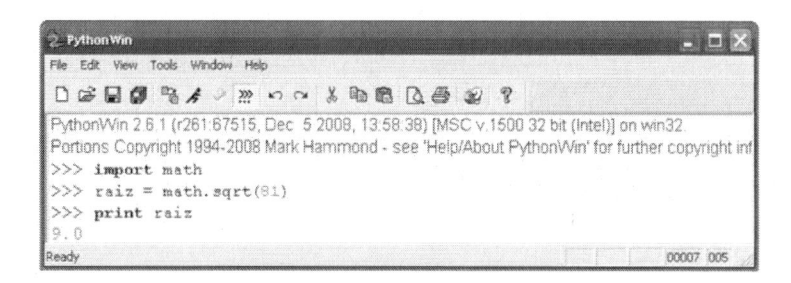

```
>>> import math
>>> raiz = math.sqrt(81)
>>> print raiz
9.0
```

Figura 82 – Utilizando do módulo math.

7.7.4 Módulo Random

Uma forma de gerar valores para testar as funções e as populares listas é utilizar números aleatórios ou randômicos. O módulo random, que é nativo do Python, gera números aleatórios no Python. A Figura 82 mostra a utilização desse módulo.

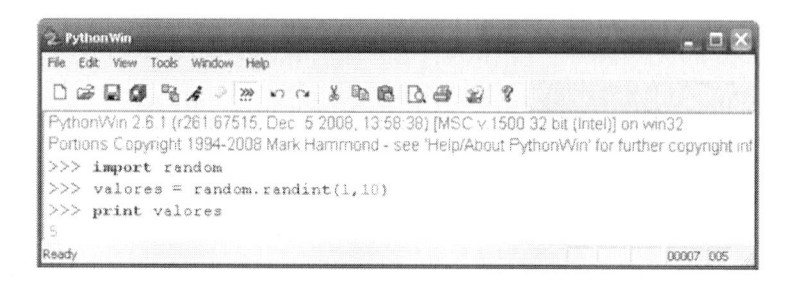

```
>>> import random
>>> valores = random.randint(1,10)
>>> print valores
5
```

Figura 83 – Utilizando o módulo random.

7.8. EXERCÍCIOS

1- Dado o módulo a seguir, determine o valor impresso para cada uma das chamadas:

    def equacao(a):
        x=pow(a,2)+(5*a)+3
        print x

a) equacao (2)
b) equacao((4 * 4) - 14 + (8/4))
c) equacao(3 * 2 - 1)
d) equacao(6 * (5/3) - 9)

2- Dado o módulo a seguir, determine o valor impresso para cada uma das chamadas:

    def equacao(a,b,c):
        x=0
        if a+2 > b-3:
           x=c*2

```
if c/4 < b*3:
    x=x+5
print x
```

a) equacao (3,4,5)
b) equacao (8 – 3 * 2, -5 + 12/2, 2)
c) equacao (3, 2, 1)

3- Construa um algoritmo que calcule o quociente e o resto da divisão entre dois números inteiros.

4- Construa um algoritmo capaz de obter a raiz quadrada inteira de um número qualquer.

5- Escreva um programa no Python que leia do teclado um valor inteiro e armazene esse valor em uma variável. O valor deverá ser passado como parâmetro para um módulo denominado Quadrado. Esse módulo imprime na tela o quadrado do valor passado como parâmetro.

6- Indique a saída impressa do algoritmo abaixo:
```
def troca(x,y):
    aux=x
    x=y
    x=aux
    print x
    print y

a=5
b=3
troca(a,b)

a=b
b=a
troca(a,b)
```

a=a + b
b=5 + 2
troca(a,b)

a=a - 1
b=b - 4
troca(a,b)

7- Construa um algoritmo que leia três números inteiros A, B, C e que, utilizando uma função, imprima esses três números em ordem crescente.

8- Faça um programa para ler um número inteiro e chamar uma função que mostra se o número lido é positivo, negativo ou zero.

9- Faça um programa para ler um número (N) e chamar uma função que mostra o somatório de 1 até N. Garanta que o número seja positivo.

10- Crie um programa para ler um número e chamar uma função que mostra sua tabuada. Obs.: Começa em 1 e termina em 10.

11- Faça um programa que leia dois números inteiros e chame uma função para retornar a divisão do primeiro número pelo segundo.

12- Faça um programa para ler um número e chamar uma função que retorna o cubo do número.

13- Desenvolva um programa para ler dois números e chamar uma função que retorna a potência do 1º número elevado ao 2º número. Por exemplo, se forem informados os valores 2 e 3, a sub-rotina deverá ter retornado o valor 8.

14- Escreva um programa que, utilizando funções, leia um valor e retorne se é múltiplo de 5 ou não – retorno string.

15- Crie um programa para ler dois números e chamar uma função que retorna se os valores recebidos são iguais ou diferentes.

16- Crie um programa para ler duas notas e chame uma função que retorna a média das notas lidas.

17- Escreva uma função chamada "troca" que receba duas variáveis inteiras e troque o conteúdo entre elas.

18- Faça um algoritmo utilizando a recursividade que calcula o fatorial de um número.

19- Faça um algoritmo utilizando a recursividade que lê um número e apresente seu somatório.

08. Arquivos

Durante a execução de um programa, seus dados ficam na memória. Quando o programa termina, ou o computador é desligado, os dados na memória desaparecem. Para armazenar os dados permanentemente, você tem que colocá-los em um arquivo. Os arquivos usualmente são guardados em um disco rígido (HD), disquete, CD-ROM etc.

Quando existe um número muito grande de arquivos, eles muitas vezes são organizados dentro de diretórios (também chamados de pastas). Cada arquivo é identificado por um nome único ou uma combinação de um nome de arquivo com um nome de diretório.

A principal vantagem na utilização de um arquivo está no fato de que as informações podem ser utilizadas a qualquer momento. Outra vantagem encontrada na utilização dos arquivos é o fato de poder armazenar um número maior de informações do que as de memória, estando apenas limitado ao tamanho do meio físico para a sua gravação.

Trabalhar com arquivos é muito parecido com trabalhar com livros. Para utilizar um livro, você tem que abri-lo. Quando você termina, tem que fechá-lo. Enquanto o livro estiver aberto, você pode tanto ler quanto escrever nele. Em qualquer caso, você sabe onde você está situado no livro. Na maioria das vezes, você lê o livro inteiro em sua ordem natural, mas também pode saltar alguns trechos. Tudo isso se aplica do mesmo modo aos arquivos.

8.1 Manipulando Arquivos

Para trabalhar com arquivos no Python, é necessário primeiro "abrir" o arquivo, "ler" ou "escrever" nele e, finalmente, "fechá-lo". A ordem descrita anteriormente deve ser seguida.

A função open permite criar novos arquivos, abrir os arquivos existentes, como, por exemplo, leitura ou escrita. Ela possui a seguinte sintaxe:

variável = open("file", "modo")

Onde:
- variável = Nome da variável na qual você receberá o conteúdo da função open (receber o arquivo propriamente dito).
- file = Nome do arquivo que você quer ler ou escrever.
- modo = Existem três tipos básicos de modos: 'w', 'r', 'a'. Write ('w') é usado para escrever algo no arquivo, apagando o que já havia nele, e caso o arquivo ainda não exista, ele será criado. Mas. e se eu quiser apenas adicionar um texto sem apagar o que já tinha lá? Aí. estamos falando sobre o modo 'a' (append, para quem conhece os métodos de listas, isso deve ser familiar), agora, todo o texto escrito será adicionado ao final do que tinha anteriormente (lembrando que o texto inserido é no formato string, não tem nada a ver com listas). Neste caso, se o arquivo também não existir, ele será criado sem problemas. E como era de se esperar, 'r' é usado para ler um arquivo já existente.

Abrir um arquivo cria um objeto arquivo. No exemplo apresentado na Figura 83, a variável f se referencia ao novo objeto arquivo.

08. Arquivos — 89

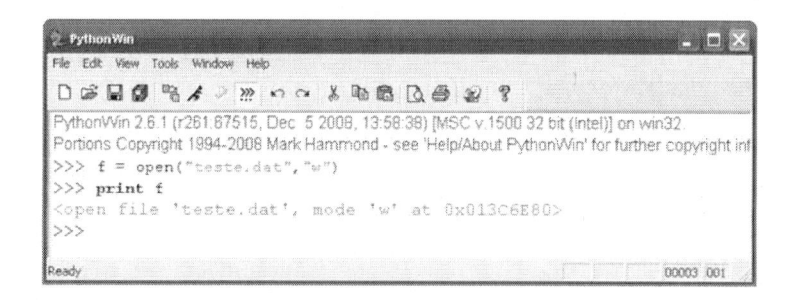

Figura 84 – Criando um arquivo.

A função open recebe dois argumentos. O primeiro é o nome do arquivo e o segundo é o modo, onde "w" significa que estamos abrindo o arquivo para a gravação (write - escrever).

Se não existir nenhum arquivo de nome teste.dat, ele será criado. Se já existir um, ele será substituído pelo arquivo que estamos gravando (ou escrevendo).

Quando executamos um comando print sobre o objeto arquivo, visualizamos o nome do arquivo, o modo e a localização do objeto na memória.

Para colocar dados no arquivo, invocamos o método write do objeto arquivo, como mostrado na Figura 84.

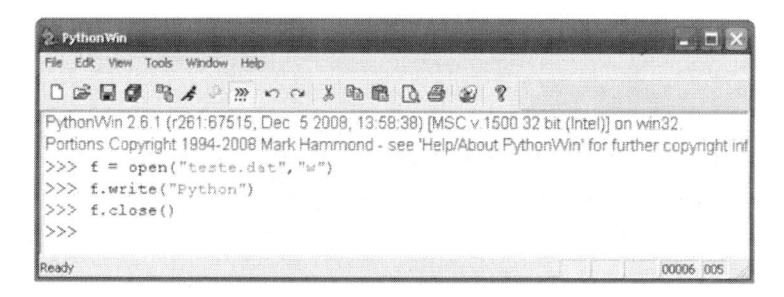

Figura 85 – Inserindo informações no arquivo.

Fechar o arquivo diz ao sistema que terminamos de escrever (gravar) e que o arquivo está livre para ser lido: f.close().

Agora, podemos abrir o arquivo novamente, porém, desta vez, para a leitura, e ler o seu conteúdo para uma string. Agora, o argumento modo é "r" (o método read lê os dados do arquivo) para leitura, conforme apresentado na Figura 85.

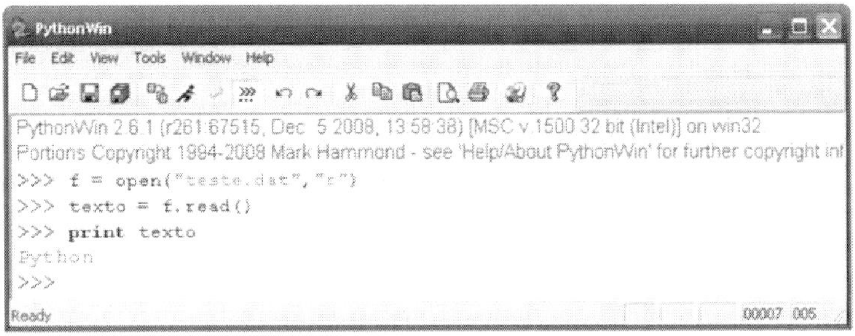

Figura 86 – Lendo as informações do arquivo.

8.2 Diretórios

Quando você cria um novo arquivo, abrindo e escrevendo nele, o novo arquivo fica no diretório atual (seja lá onde for que você está quando roda o programa). Do mesmo modo, quando você abre um arquivo para a leitura, o Python procura por ele no diretório atual.

Se você quiser abrir um arquivo que esteja em algum outro lugar, terá que especificar o **caminho** *(path)* para o arquivo, o qual é o nome do diretório onde o arquivo está localizado:

variável = open("caminho/file", "modo")

A Figura 86 mostra um exemplo de utilização de arquivo, o qual é mantido no diretório c:/temp.

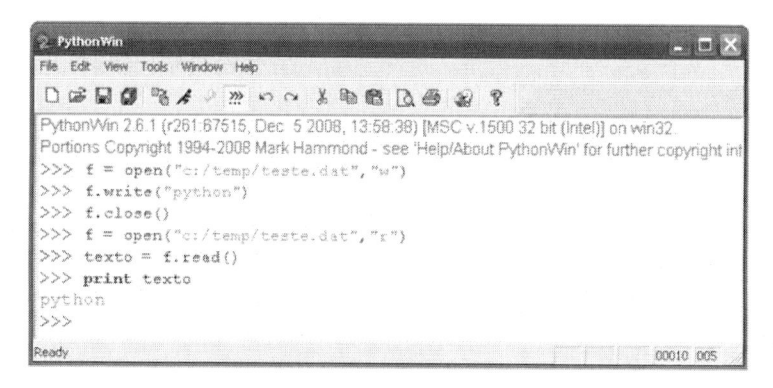

Figura 87 – Criando arquivo em um diretório.

8.3 Exercícios

1- Escreva um comando que crie, abra um arquivo chamado SI, coloque algumas informações no mesmo e no final feche-o.

2- Faça um programa que dê autonomia ao usuário para digitar quantos nomes ele desejar, utilize uma flag de parada (Exemplo: Quando a pessoa digitar a letra 'n'), grave os dados em um arquivo e, depois, mostre os dados gravados.

3- Faça um programa que grave em um arquivo os 20 primeiros números pares e, depois, mostre os dados gravados.

4- Escreva um algoritmo que faça a leitura das notas dos alunos de uma disciplina e armazene-as num arquivo. Considere que há uma nota para cada aluno e que há 10 alunos cursando a disciplina. Em seguida, mostre todas as notas.

5- Escreva um algoritmo que faça a leitura das notas dos alunos de uma disciplina e armazene-as num arquivo. Considere que há uma nota para cada aluno e que há 10 alunos cursando a disciplina. Em seguida, mostre apenas as notas acima de 7,5.

09. Referências

LABAKI, Josué. *Introdução a Python - Módulo A*. Disponível em http://www.fem.unicamp.br/~labaki/Python/ModuloA_impressao.pdf

MENEZES. Nilo N. C. *Introdução à programação com Python: algoritmos e lógica de programação para iniciantes.* São Paulo – Novatec, 2010.

Python Foundation. *Python 2.7 Tutorial*. 2012 Disponível em http://docs.python.org/tutorial/

REIS. Christian R. *Python na Prática: um curso objetivo de programação em Python*. Disponível em http://www.async.com.br/projects/pnp/

ROSSUM, Guido Van. *Tutorial Python*. Disponível em http://www.python.org.br/wiki/DocumentacaoPython?action=AttachFile&do=get&target=python24.pdf

Impressão e Acabamento
Gráfica Editora Ciência Moderna Ltda.
Tel.: (21) 2201-6662